新丝路·语言

हिन्दी पाठ्यपुस्तक

印地语基础教程

（第二版）

第三册

马孟刚　编著

北京大学出版社
PEKING UNIVERSITY PRESS

图书在版编目(CIP)数据

印地语基础教程.第三册/马孟刚编著.—2版.—北京：北京大学出版社，2018.8

（新丝路·语言）

ISBN 978-7-301-29784-1

Ⅰ.①印… Ⅱ.①马… Ⅲ.①印地语—高等学校—教材 Ⅳ.①H712

中国版本图书馆CIP数据核字(2018)第184568号

书　　　名	印地语基础教程（第二版）（第三册）
	YINDIYU JICHU JIAOCHENG
著作责任者	马孟刚　编著
责任编辑	严　悦
标准书号	ISBN 978-7-301-29784-1
出版发行	北京大学出版社
地　　　址	北京市海淀区成府路205号　100871
网　　　址	http://www.pup.cn　新浪微博：@北京大学出版社
电子信箱	pkupress_yan@qq.com
电　　　话	邮购部62752015　发行部62750672　编辑部62754382
印　刷　者	北京虎彩文化传播有限公司
经　销　者	新华书店
	650毫米×980毫米　16开本　18.75印张　260千字
	1992年5月第1版
	2018年8月第2版　2020年7月第2次印刷（总第3次印刷）
定　　　价	62.00元

未经许可，不得以任何方式复制或抄袭本书之部分或全部内容。
版权所有，侵权必究
举报电话：010-62752024　电子信箱：fd@pup.pku.edu.cn
图书如有印装质量问题，请与出版部联系，电话：010-62756370

第二版前言

《印地语基础教程》(1—4册)于1992年5月出版,至今已有26年,可谓是一套"有故事"的教程。所谓"有故事",一是该书"老"。写就于1991年11月的"前言"称,该书完稿于1988年,打印成讲义试用;其实不然,我1985年入学时使用的就是这套教程,记得是油印的厚厚的讲义,A4大小,装订不太美观。所以,在1988年之前该套教程已经试用过了。这样算来,这套教程起码已有30多年的历史。二是参与编写者众。版权页有金鼎汉、马孟刚、唐仁虎和张双鼓等四位老师,"前言"中提及了殷洪元、刘安武、彭正笃、李晓岚和张德福等五位老师,另有印度专家古普塔先生,还有没有提到名字的其他老师。当时中国只有北京大学一所高校教授印地语,相关老师自然十分看重这套教程,都愿意为之添砖加瓦。三是使用学生多。从1985年到2017年,北京大学印地语专业一直使用这套教材,1985级学生现已50多岁,2017级学生刚刚20岁左右,可见该套教程影响了多少代学人!

一套教材使用30余年而不衰,有"新书未出"之原因,更有暂无匹敌之理由。几十年来,我们从未产生过必须更换这套教程的念头。在教学过程中,也会发现某些错漏,比如个别地方打印有错、个别提法稍嫌过时等,但总体不违和,教程的时代气息并不陈腐。这套教程的经典性和权威性可见一斑。实际上,这套教程凝聚了中国几代印地语学人的学识，饱含中国最具事业心的第一、第二代学人的精神。中国的印地语开设于1942年，殷洪元先生1945年入学，而后留校任教，该书有他的贡献；刘安武先生1951年春入学，而后留校任教，该书有他的心血；金鼎汉和马孟刚两位先生1951年秋入学，该书是他们最为重要的成果。所以，该套教程可谓中国印地语的瑰宝，是"压箱底"之作，其光辉不因时间而消失。

综上，这套教程经典意义和实用价值并存。自2000年以来，这套教程就已不见于市场，学生一直使用复印本，大有穷酸之嫌。如今，北京大学出版社决定再版，以飨教者和学者。这是一件大好事。

旧版经典，新版不改。不过，相比旧版，新版仍有些许变化：其一，改错，原有的打印错漏，或词性，或拼写，都已纠正；其二，个别说法已然过时，比如教程中的"苏联"等，新版已改为"俄罗斯"；其三，个别数据早已不确，比如中国的人口数量等，新版也已换成新值；其四，增加配套录音，以二维码形式为载体。此外，旧版是老式打字机打印出来的，难免有涂改不清和油墨深浅不一之处，排版也有不整齐不统一的地方，新版采用电脑打印，避免了诸多缺失，为"经典"进行了美观化处理。

再版不是重印，有很多工作需要完成。首先是打印排版，其次是校对、纠错，还有联络协调等工作，这方面，姜永红老师最为辛苦，李亚兰老师、王靖老师、赖微、胡钧杰同学也付等出了时间和精力，感谢他们！感谢所有为再版工作付出辛劳的人！

姜景奎
北京燕尚园
2018年5月29日

विषय-सूची

पहला पाठ	विद्यार्थियों से आशा	1
दूसरा पाठ	हमेशा कानून ही नहीं...	14
तीसरा पाठ	हिंदी भाषा	27
चौथा पाठ	दुश्मन से हमेशा सतर्क रहो	42
पांचवां पाठ	एक यात्रा के संस्मरण	59
छठा पाठ	दो की लड़ाई में तीसरे का भला	78
सातवां पाठ	मुक्त कैदी	96
आठवां पाठ	शांतिनिकेतन और श्रीनिकेतन	113
नौवां पाठ	हाथी-हाथी, कितना भारी	127
दसवां पाठ	अमर शहीद चंद्रशेखर आज़ाद	141
ग्यारहवाँ पाठ	सोने की मछली (१)	156
बारहवाँ पाठ	सोने की मछली (२)	169
तेरहवाँ पाठ	होटल और धर्मशाला	183
चौदहवाँ पाठ	गिरगिट (१)	199
पन्द्रहवाँ पाठ	गिरगिट (२)	215
सोलहवां पाठ	लक्ष्मीबाई की समाधि	237
शब्द-भंडार		243

1

पहला पाठ

विद्यार्थियों से आशा

"हिन्दी पाठ्य पुस्तक" का तीसरा भाग तुम्हारे पास है। तुम देखोगे कि इस पुस्तक में ऐसी कहानियां, कविताएं, नाटक और निबंध रखे गए हैं जिनके पढ़ने में तुम्हारी रुचि होगी और जिनसे तुम्हारा ज्ञान बढ़ेगा। हम यह भी आशा करते हैं कि इस पुस्तक के पाठों को सीखकर तुम अधिक योग्य और गुणवान बनोगे।

हिन्दी सीखने में तुम्हारी सहायता के लिए यहां हम कुछ ज़रूरी बातें बताना चाहते हैं। इनका ध्यान रखकर तुम इस पुस्तक से अधिक-से-अधिक लाभ उठा सकोगे।

पहली बात यह है कि अपने बोलने की कुशलता पर ध्यान दो। याद रखो कि भाषा का असली रूप वही है जिसे हम बोलते और सुनते हैं। जीवन के हर क्षेत्र में बोलने की आवश्यकता पड़ती है और हम अधिकतर कार्य बोलकर ही चला लेते हैं। बोलना भी एक कौशल है और उचित अभ्यास से ही इसका विकास होता है। इसलिये इस पुस्तक के पाठों को घर पर बोलकर पढ़ने का अभ्यास करना और अपना उच्चारण शुद्ध करने का प्रयत्न करना बहुत ज़रूरी है।

जब तुम अपने पाठ को अच्छी तरह बोलकर पढ़ना सीख लो, तो फिर उसे मौन रहकर पढ़ो। इस प्रकार पढ़ते हुए न तो तुम्हारे मुंह से आवाज़ निकलनी

चाहिए और न ही ओंठ हिलने चाहिए। तुम देखोगे कि इस से तुम अधिक तेज़ी से पढ़ सकोगे और पाठ के विचार भी तुम्हारी समझ में जल्दी और अच्छी तरह आएंगे।

भाषा शब्दों से बनती है। तुम अब तक हिन्दी के बहुत-से शब्द जान गए हो। इस पुस्तक में कुछ नए शब्द आए हैं, जिनका अर्थ तुम शायद नहीं जानते होगे। तुम्हारी सहायता के लिए इस पुस्तक के प्रत्येक पाठ के अन्त में शब्दावली दी गई है, जिसमें नए शब्दों के अर्थ दिए गए हैं। यदि दूसरी कक्षा पास करते-करते तुम हर नए शब्द का अर्थ अच्छी तरह जान लोगे, उन्हें सही-सही लिख सकोगे और उन शब्दों का प्रयोग कर सकोगे, तो तुम्हारी भाषा की योग्यता सचमुच बढ़ जाएगी और तुम्हें आगे की कक्षाओं में पढ़ने में बड़ी सुगमता होगी।

भाषा शब्दों से बनती है पर शब्दों पर ही समाप्त नहीं हो जाती। शब्दों का अर्थ जान लेना ही भाषा-ज्ञान नहीं है। शब्दों के परस्पर संबंध से वाक्य बनते हैं और वाक्यों के मिलने से अनुच्छेद। तुम्हें मालूम होना चाहिए कि कोई शब्द या शब्दों का समूह वाक्य में क्या काम कर रहा है। इसके लिए भाषा का विश्लेषण यानी उस का व्याकरण समझना ज़रूरी है। हमने इसके लिए प्रत्येक पाठ के अंत में कुछ टिप्पणियां दी हैं, और साथ ही व्याकरण के कुछ नियम समझाए हैं जो तुम ने अब तक नहीं सीखे हैं।

शब्दों के द्वारा लेखक कुछ कहना चाहते हैं। उसके विचारों और भावों को समझने की कोशिश करनी चाहिये। बिना समझे रटने की कोशिश मत करो। पाठ के अंत में कुछ प्रश्न दिए गए हैं। इनसे इस बात की जांच होगी कि तुमने पाठ को समझा है या नहीं।

भाषा का ज्ञान बढ़ाने का सबसे अच्छा मंत्र है——सीखो और सिखाओ। इस पुस्तक में बहुत-से इस प्रकार के अभ्यास दिए गए हैं।

अपनी कठिनाइयां बिना झिझक के औरों के सामने रखो और दूसरों के अनुभवों से सीखो। तुम्हारे किसी साथी से यदि कहीं ग़लती हो जाए तो उसकी हँसी नहीं उड़ानी चाहिये, बल्कि उस की सहायता करनी चाहिये। ध्यान रखो कि

भाषा किसी एक व्यक्ति की संपत्ति नहीं है, वह समाज की उपज है। भाषा पढ़ने के साथ-साथ हमारे अंदर अच्छे सामाजिक गुणों का भी विकास होना चाहिए। इन गुणों में सबसे प्रमुख है सहयोग की भावना। हमें विश्वास है कि इसी भावना को विकसित करते हुए पढ़ोगे या और कोई काम करोगे तो तुम को अवश्य ही अधिक सफलताएं प्राप्त होंगी।

(हिन्दी की पाठ्यपुस्तक “भारती” के “विद्यार्थियों से” पर आधारित)

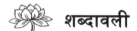

शब्दावली

पाठ्यपुस्तक（阴）课本，教科书
भाग（阳）部分，(书)册
निबंध（阳）文章，散文，论文
रुचि（阴）兴趣
में---होना 对……感兴趣
बढ़ना（不及）增长
योग्य（形）有能力的，有才能的
गुणवान（形）具有优良品德的
सहायता（阴）帮助
कुशलता（阴）才干，技能
ध्यान（阳）注意
का---रखना 留意……，留心……
पर---देना 注意
लाभ（阳）利益，好处
से---उठाना 从……得到好处，利用……

याद（阴）记忆
---रखना 记住
रूप（阳）形式；性质
क्षेत्र（阳）领域，方面
आवश्यकता（阴）需要，必要
की---पड़ना 需要……
अधिकतर（形）比较多的，多数的
कार्य（阳）工作，任务
---चलाना 进行工作
कौशल（阳）才干，本领，技巧
उचित（形）适当的，合适的
शुद्ध（形）准确的，纯正的
---करना 使准确，使纯正
प्रयत्न（阳）努力
का---करना 努力(尽力)……

मौन（形）沉默的，无言的
---रहना 保持沉默，不出声
ओंठ（阳）唇
हिलना（不及）动
तेज़ी（阴）快，迅速
समझ（阴）理解
की---में आना 理解
अर्थ（阳）意义
पास（形）通过的，及格的
---करना 通过，及格
सही（形）正确的
सही-सही 正确地
प्रयोग（阳）使用，运用
का---करना 使用
योग्यता（阴）能力，才能
आगा（阳）未来，将来
सुगमता（阴）容易，简单
परस्पर（形）相互的，彼此的
अनुच्छेद（阳）（文章的）段，
　　　　　段落
समूह（阳）群，组
विश्लेषण（阳）分析
का---करना 分析
टिप्पणी（阴）注释，注解

नियम（阳）规则
भाव（阳）感情，意图
रटना（及）背诵
जांच（阴）检查，检验
बढ़ाना（及）增长，提高
मंत्र（阳）秘诀，诀窍
झिझक（阴）犹豫
अनुभव（阳）经验，体会
साथी（阳）同伴，同志
ग़लती（阴）错误
---होना 犯错误
हँसी（阴）笑
की---उड़ाना 讥笑……
व्यक्ति（阳）人，个人
संपत्ति（阴）财产，财富
समाज（阳）社会
उपज（阴）产物，产品
के अन्दर（后）在……里面
गुण（阳）品德，美德
सहयोग（阳）合作，协作
विकसित（形）发展了的，
　　　　　发扬了的
---करना 发展，发扬
अवश्य（副）必定，肯定

पहला पाठ   विद्यार्थियों से आशा

 टिप्पणियाँ

1. विद्यार्थियों से आशा
对同学们的希望

作为标题，谓语动词往往可以省略。本句则连主语也省略了。全句应为：

हमें विद्यार्थियों से आशा है 或 हम विद्यार्थियों से आशा करते हैं।

2. तुम देखोगे कि इस पुस्तक में ऐसी कहानियाँ, कविताएँ, नाटक और निबंध रखे गये हैं जिन के पढ़ने में तुम्हारी रुचि होगी और जिन से तुम्हारा ज्ञान बढ़ेगा।

जिन के पढ़ने में 中的 के 在意义上相当于 को，又如：

इस मकान के बनाने में दो साल लगे।

盖这座房子花了两年时间。

3. इस प्रकार पढ़ते हुए न तो तुम्हारे मुँह से आवाज़ निकलनी चाहिये और न ही ओंठ हिलने चाहिये।

（1）पढ़ते हुए 作时间状语，相当于 पढ़ते समय。

（2）न तो ...और न ही... 意为 "既不……也不……"，如：

मैं न तो कुछ खाना चाहता हूँ और न ही कुछ पीना चाहता हूँ।

我既不想吃，也不想喝。

5

4. शब्दों के परस्पर संबंध से वाक्य बनते हैं और वाक्यों के मिलने से अनुच्छेद।

并列复合句中两句的谓语动词如果相同，后面一个分词中的谓语动词可以省略。本句省略了 बनते हैं。

5. अपनी कठिनाइयाँ बिना झिझक के औरों के सामने रखो और...।

（1）बिना झिझक के 等于 झिझक के बिना，意思是“毫不犹豫地”。

（2）औरों 是 और 的复数带后形式。这里 और 用作名词，意思是“别人”。औरों 即 दूसरों。

6. इन गुणों में सब से प्रमुख है सहयोग की भावना।

这些品德当中最主要的是合作精神。

这是个倒装句。将表语移至系动词之后，表示强调。

7. हमें विश्वास है कि इसी भावना को विकसित करते हुए पढ़ोगे या और कोई काम करोगे तो...

句中 और 用作形容词，意为“其他的”“另外的”“别的”，与 दूसरा 同义。और 须重读。又如：

इस के अलावा और कोई उपाय नहीं।

除此之外没有其他办法。

8. -ता（梵）

后缀。加在形容词后面，构成抽象名词。如：

कुशल	+ ता	→	कुशलता	才干
आवश्यक	+ ता	→	आवश्यकता	需要
योग्य	+ ता	→	योग्यता	能力
सुगम	+ ता	→	सुगमता	容易

पहला पाठ विद्यार्थियों से आशा

 व्याकरण

1. जो 引导的限制性定语从句

用 जो 引导的定语从句分为限制性和非限制性两种。

非限制性定语从句对于主句来说是附加的修饰成分，是可有可无的，其主句中不必带有相关词，书写时须用逗号与主句隔开。例如：

राम मेरा सहपाठी था, जो अब बेइजिंग विश्वविद्यालय में पढ़ रहा है।
拉姆过去是我同学，他现在在北大学习。
"गोदान" एक अच्छा उपन्यास है, जो मैं कई बार पढ़ चुका हूँ।
《戈丹》是一部很好的小说，我已经读过好几遍了。

限制性定语从句对主句来说是必要的修饰成分，没有它，则主句的意义不完整。限制性定语从句，其主句中一般均带有相关词 वह, ऐसा 等。例如：

यह वही किताब है जो आप चाहते हैं।
这就是您要的那本书。
राजेश ऐसा लड़का है जिस को सब लोग पसन्द करते हैं।
拉杰什是一个大家都喜欢的孩子。

用 ऐसा 作相关词时，具有更强的限定性，而且主语必须在从句之前出现。例如：

यह ऐसा काम है जो आज ही पूरा करना पड़ेगा।
这是一项今天必须完成的工作。

7

मैं अब ऐसी कहानी सुनाता हूँ जो तुम लोगों ने कभी न सुनी होगी।

我现在讲一个你们大概从未听过的故事。

2. 现在分词叠用

印地语现在分词重叠使用的情况较多，作为状语，它可以表达多种含义。现在分词叠用多用阳性复数简式。较为常见的一种是表示“动作的持续”，有“……着……着”的意思。例如：

वह चलते-चलते रुक गया।

他走着走着站住了。

वह लड़की रोते-रोते हंसने लगी।

那女孩哭着哭着笑起来了。

还有一种也并非少见，即表示动作的“即将发生”，有“快要……的时候”之意。例如：

घर पहुंचते-पहुंचते मेरी साइकिल ख़राब हो गई।

快要到家时我的自行车坏了。

वह मरते-मरते बच गया।

他差点死了。

3. बिना 与过去分词连用

बिना 与过去分词（固定用阳性复数简式）连用，作状语，表示“没有……”，“不……”。如：

वह बिना कुछ कहे चला गया।

他没打个招呼就走了。

लोग बिना खाना खाये कैसे रह सकते हैं?

人不吃饭怎么能活呢?

注意两点：

（1）बिना 与过去分词可以倒置，意义相同。如第一个例句也可以这样说：

वह कुछ कहे बिना चला गया।

（2）过去分词的施事与本句主语并非同一个时，则分词的施事后面须加 के。例如：

उस के कहे बिना तुम कुछ न करो।

没有他的吩咐你什么也别做。

कहावतें

जो आम बोता है वह आम खाता है और जो बबूल लगाता है वह काँटा चुनता है।

（谁种芒果，谁就吃芒果；谁种洋槐，谁就采刺；种瓜得瓜，种豆得豆。）

बिना विचारे जो करे सो पीछे पछताए।

（草率从事，必将后悔。）

अभ्यास

1. उच्चारण कीजिये:

शब्द

पाठ्यपुस्तक रुचि ज्ञान योग्य क्षेत्र अधिकतर कौशल

शुद्ध प्रयत्न अर्थ समाप्त विश्लेषण प्रश्न व्यक्ति संपत्ति

वाक्यांश

तुम्हारी सहायता के लिये

अच्छी तरह

हिन्दी के बहुत-से शब्द

शब्दों के द्वारा

इन का ध्यान रखकर

अधिक तेज़ी से

इस पुस्तक के प्रत्येक पाठ में

बिना समझे

2. ऊँची आवाज़ से पढ़िये और रटने की कोशिश कीजियेः

(1) पहली बात यह है कि अपने बोलने की कुशलता पर ध्यान दो।

(2) बोलना भी एक कौशल है और उचित अभ्यास से ही इस का विकास होता है।

(3) अपना उच्चारण शुद्ध करने का प्रयत्न करना बहुत ज़रूरी है।

(4) भाषा शब्दों से बनती है पर शब्दों पर ही समाप्त नहीं हो जाती।

(5) शब्दों के परस्पर संबंध से वाक्य बनते हैं और वाक्यों के मिलने से अनुच्छेद।

3. चीनी वाक्यों का हिंदी में अनुवाद कीजियेः

(1) 我希望你努力学习印地语。

(2) 您提的问题我回答不了。

(3) 他有许多您或许也会喜欢阅读的书籍。

(4) 您去哪儿，我去哪儿。

(5) 我们要尽量吸取别人的经验来改进我们的工作。

(6) 这位外国学生既不懂中文也不懂英文。

(7) 他说的话谁也不明白是什么意思。

(8) 请记住，没有预习好课文，请不要来上课。

(9) 没考虑好就别说。

（10）我相信你会成功的。

（11）课文里不理解的地方可以问老师。

（12）帮助别人学习，自己也能增长知识。

（13）印地语是一种读起来很有趣的语言。

（14）他是一个学习很努力的学生。

（15）朗读可以使我们练习发音。

（16）课文后面给的练习你们都要做。

（17）注意课文作者的思想和意图是什么。

（18）这篇课文既不太难也不很长。

（19）这句话又长生词又多，我没理解它的意思。

（20）我们今天努力学习是为了明天能更好地工作。

4. वाक्य बनाइये:

（1）रुचि होना

（2）लाभ उठाना

（3）समझ में आना

（4）हँसी उड़ाना

（5）ध्यान देना

（6）याद रखना

（7）प्रयोग करना

（8）विश्वास होना

5. नीचे दिये वाक्यों को "जो" या "जहाँ" का प्रयोग करके पूरा कीजिये:

（1）बेइजिंग एक ऐसा शहर है ______________

（2）चीन ऐसा देश है ______________

（3）प्रसाद जी ऐसे अध्यापक हैं ______________

（4）प्रेमचन्द ऐसा लेखक था ______________

（5）गुप्त जी ने कल मुझसे एक ऐसा सवाल पूछा था ______________

（6）मैं ऐसी जगह जाना चाहता हूँ ______________

(7) हमारे विश्वविद्यालय में बहुत सी-ऐसी इमारतें हैं _____

(8) उस दुकान में आप को ऐसी किताबें मिलेंगी _____

6. निम्नलिखित वाक्यों का विश्लेषण कीजिये और इन का चीनी में अनुवाद कीजिये:

(1) हम यह भी आशा करते हैं कि इस पुस्तक के पाठों को सीखकर तुम अधिक योग्य और गुणवान बनोगे।

(2) इस पुस्तक में कुछ नये शब्द आये हैं, जिन का अर्थ तुम शायद नहीं जानते होगे।

(3) हमें विश्वास है कि इसी भावना को विकसित करते हुए पढ़ोगे या और कोई काम करोगे तो तुम को अवश्य ही अधिक सफलताएं प्राप्त होंगी।

7. निम्नलिखित शब्द-समूहों का अर्थ हिन्दी में बताइये:

空前的成就　　　　　宽阔的街道

有益的工作　　　　　尖锐的声响

强盛的国家　　　　　健康的身体

特别的标志　　　　　纯正的读音

8. प्रश्नों के उत्तर दीजिये:

(1) भाषा का असली रूप क्या है?

(2) हम अधिकतर कार्य किस प्रकार चला लेते हैं?

(3) बोलने के कौशल का कैसे विकास होता है?

(4) अपना उच्चारण शुद्ध करने का क्यों प्रयत्न करना चाहिये?

(5) पाठ को मौन रहकर पढ़ने से क्या लाभ होगा?

(6) नए शब्दों का अर्थ और उन का प्रयोग क्यों याद रखना चाहिये?

(7) शब्दों का अर्थ जान लेना ही भाषा-ज्ञान क्यों नहीं है?

(8) भाषा का विश्लेषण करना ज़रूरी है। इस का क्या कारण है, बताइये।

(9) इस पाठ्यपुस्तक के प्रत्येक पाठ के अन्त में कुछ टिप्पणियाँ क्यों दी गई है?

(10) बिना समझे रटने की कोशिश क्यों नहीं करनी चाहिये?

(11) हरेक पाठ के अन्त में कुछ प्रश्न देने का क्या उद्देश्य है?

(12) भाषा का ज्ञान बढ़ाने का सब से अच्छा मंत्र क्या है?

(13) दूसरों के अनुभवों से हम को किस तरह सीखना चाहिये?

(14) अगर हमारे किसी साथी से कहीं ग़लती हो जाए, तो हमें क्या करना चाहिये?

(15) भाषा पढ़ने के साथ साथ हमारे अन्दर किन-किन अच्छे सामाजिक गुणों का विकास होना चाहिये? इन गुणों में सब से प्रमुख गुण कौन सा है?

9. इस पाठ के अंतिम पैराग्राफ़ को रटकर सुनाइये।

10. इस पाठ का सारांश अपने शब्दों में सुनाइये।

दूसरा पाठ

हमेशा कानून ही नहीं...

कुछ समय पहले अपने साथी रामकुमार जी के साथ बीरपुर जा रहा था। इसमें ५० कि.मी. का सफ़र बस से तय करना पड़ा। डीज़ल के अभाव में बसें कम चलती थीं। इस कारण हमारी बस में भीड़ काफ़ी थी। मुझे किसी तरह सीट मिल गयी, परन्तु रामकुमार बाबू को सीट नहीं मिल रही थी। संयोगवश मेरी नज़र " महिलाओं के लिए सुरक्षित " दो सीटों पर गयी। एक सीट पर सिर्फ़ एक महिला अपने दोनों छोटे बच्चों के साथ बैठी थी, जो उसे चिल्ला-चिल्ला कर तंग कर रहे थे। मैंने रामकुमार बाबू से दूसरी ख़ाली सीट पर बैठ जाने का इशारा किया तो वे " सिर्फ़ महिलाएं " शब्द देखकर सकुचाये। मैंने कहा--- " आप यदि वहां बैठकर अपना फ़र्ज़ निभायें तो आप और उस महिला दोनों की समस्याएं हल हो सकती हैं। " वे हमारी बात मान गये और झिझकते हुए उस सीट पर बैठ गये। मां को तंग कर रहे बच्चे को उन्होंने अपनी गोद में लेकर दुलार-मलार करना शुरू कर दिया। पिता जैसा प्रेम पाकर बच्चा शांत हो गया और उसने खेलना शुरू कर दिया। रामकुमार बाबू का बच्चे के प्रति गहरा स्नेह देख उस महिला को ऐसा अहसास हुआ जैसे घर से बाहर भी अपने परिवार का एक सदस्य मिल गया हो। मैंने बाद में रामकुमार जी से कहा--- "आज आपने वयस्क शिक्षा अनुदेशक का फ़र्ज़ सही ढ़ंग से

निभाया।"

बीरपुर से वापसी में हम लोग महिलाओं के लिये सुरक्षित सीटों से अलग बैठे हुए थे। उधर महिलाओं के लिए सुरक्षित सीटें भी " फुल " थीं। उसी समय तीन महिलाएं आकर खड़ी हो गयीं। भीड़ की वजह से वे सभी परेशान-सी लग रही थीं। मैंने अपनी सीट छोड़ दी और पास बैठे अन्य यात्रियों से उन परेशान महिलाओं को सीट देने का अनुरोध किया। परन्तु उन लोगों ने जवाब दिया --- " क्या ये महिलाओं की सीटें हैं? " मैंने उनसे कहा --- "क्यों भाई, यदि इस समय आपकी मां-बहनें यहां आकर खड़ी हों तो क्या आप बैठे ही रहेंगे? " इस का उत्तर न देकर उन्होंने चुपचाप सीटें ख़ाली कर दीं। मैंने उनसे कहा --- " कानून पर ही हमेशा चलने से हमारा कल्याण नहीं हो सकता --- तब तक नहीं होगा जब तक कि कर्तव्य का पालन नहीं किया जाएगा।"

शब्दावली

रामकुमार（人名）拉姆古马尔
बीरपुर（地名）比尔波尔
कि.मी（किलोमीटर 的缩写）公里
सफ़र（阳）旅行；旅程
तय(तै)（形）完成的；决定的
---करना 完成；决定
डीज़ल（阳）柴油
अभाव（阳）缺少，缺乏
के---में 由于缺乏……
काफ़ी（形）足够的，相当多的
किसी तरह 好歹，勉强
सीट（阴）座位
संयोगवश（副）碰巧，偶然
नज़र（阴）目光，视线
पर---आना 看到，瞅见
सुरक्षित（形）安全的；保留的
तंग（形）苦恼的，烦恼的
---करना 使苦恼，使烦恼
ख़ाली（形）空的
---करना 空出，让出
इशारा（阳）示意；暗示；手势
का---करना 示意（暗示）……

सकुचाना（不及）拘谨，难为情
फ़र्ज़（阳）义务，职责
निभाना（及）履行，遵守
फ़र्ज़--- 尽义务，履行职责
हल（阳）解决（问题等）
---होना 解决
झिझकना（不及）犹豫
मां（阴）妈妈
गोद（阴）怀抱
---में लेना 抱在怀里
दुलार（阳）（对小孩）亲热，抚爱
दुलार-मलार（阳）（对偶）亲热，抚爱
---करना 亲热，抚爱
शांत（形）安静的，平静的
के प्रति（后）对
स्नेह（阳）爱
अहसास（阳）感觉
का---होना 感觉
जैसे（连）好像，犹如
वयस्क（阳）成年人
（形）成年人的
अनुदेशक（阳）教导者，教诲者
वापसी（阴）返回
वजह（阴）原因
की---से 因为……，由于……
अनुरोध（阳）要求
उत्तर（阳）回答
---देना 回答
चुपचाप（副）安静地，不声不响地
चलना（不及）遵循，执行
पर---遵循（执行）……
पालन（阳）履行，遵守
का---करना 履行，遵守

टिप्पणियाँ

1. हमेशा कानून ही नहीं---

作为标题，可理解为省略了谓语动词 चाहिये。

2. वे हमारी बात मान गए।

句中 हमारी 即 मेरी 之意。用 हम 代替 मैं，语气更为谦和，多用于口语中，如：

यह बात हम नहीं जानते।　　我不知道这件事。
आज हम नहीं गए।　　我今天没去。

注意，हम 为阴性时，谓语动词仍需用阳性复数形式。

3. माँ को तंग कर रहे बच्चे को उन्होंने अपनी गोद में लेकर दुलार-मलार करना शुरू कर दिया।

तंग कर रहे 为进行时现在分词，其原形为 तंग कर रहा (हुआ)，与现在分词一样，也有性数的变化。 进行时现在分词多用作定语，在实际语言中使用较少。

4. रामकुमार बाबू का बच्चे के प्रति गहरा स्नेह देख उस महिला को ऐसा अहसास हुआ जैसे घर से बाहर भी अपने परिवार का एक सदस्य मिल गया हो।

（1）देख 为完成分词 देखकर 之省略形式。完成分词的 कर 有时可省略。如：

अपने दोस्त को आया देख मुझे बहुत खुशी हुई।
看到朋友来了，我很高兴。

（2）ऐसा... जैसे...

意思是"如此……，就像……"。जैसे 引导的是比拟状语从句，须用虚拟语气。如：

उनकी बातचीत सुनकर मुझे ऐसा लगता है जैसे वे दोनों भाई-भाई हों।
听到他们的谈话，我觉得他们就像兄弟一样。

5. भीड़ की वजह से वे सभी परेशान-सी लग रही थीं।

（1）परेशान-सी

-सा 放在名词或形容词之后表示"有些""有点"，在本句型中其性、数随主语变，例如：

मुझे नींद-सी आने लगी।
我有点困了。
यह सवाल अजीब-सा मालूम होता है।
这个问题似乎有点怪。

（2）句中 लगना 意为"看起来""显得"。如：

यह कोट पहनकर तुम बहुत सुन्दर लगते हो।
你穿上这件上衣看起来挺漂亮。

6. ...तब तक नहीं होगा जब तक कि कर्तव्य का पालन नहीं किया जाएगा।

（1）句中 तब तक नहीं होगा 省略了 कल्याण。

（2）जब तक...तब तक 意思是"在……时间之前，……"或"到……时候，……"，可引申为"只要……，那就……"，"如果……，那就……"。例如：

जब तक मैं जीवित रहता हूँ तब तक ऐसी बात कभी नहीं हो सकती।
只要我活着，就不允许有这种事情发生。

जब तक 引导的从句也可放在主句的后面，如本句。这时，जब

तक 的后面也可加 कि。例如：

मैं तब तक आप का इन्तज़ार करूंगा जब तक कि आप नहीं लौटेंगे।
我将一直等到你回来。

7. –क（印）

后缀，加在名词后面，表示"动作发出者"。如：

अनुदेश ＋ क → अनुदेशक　　　教导者
लेख　 ＋ क → लेखक　　　　作者
विचार ＋ क → विचारक　　　思想家
प्रबंध ＋ क → प्रबंधक　　　管理者

 व्याकरण

1. 完成时虚拟语气

完成时虚拟语气的形式是动词过去时加 हो 或 हों。
以不及物动词 चलना 为例，列表如下：

人称	阳性	阴性
मैं	चला होऊँ	चली होऊँ
तू, यह, वह	चला हो	चली हो
हम, आप, ये, वे	चले हों	चली हों
तुम	चले होओ	चली होओ

以及物动词 देखना 为例，列表如下：

	阳	阴
单	देखा हो	देखी हो
复	देखे हों	देखी हों

完成时虚拟语气表示对现在或过去已经完成的动作或状态的怀疑、猜测、假定等。例如：

आज मैं ऐसी जगह गया जहाँ आप शायद कभी न गए हों।

我今天去了一个您大概从未去过的地方。

अगर वह आ गया हो तो उसे यहाँ बुला लाओ।

如果他已经来了，让他到这儿来。

完成时虚拟语气的动词在句中用作谓语，其性数，不及物动词与主语一致，及物动词与宾语一致，主语须加 ने。

2. 完成分词叠用

完成分词重叠使用表示完成分词的动作并非一次完成，而是多次重复的动作，有"一次次地""不断地""不停地"等意义。

完成分词叠用的形式是动词根重叠后加 कर，如：

वह मुझे देख-देख कर हँसता है।

他不断地望着我笑。

वह लड़की रुक-रुक कर बोलती है।

那女孩断断续续地说。

3. 过去分词与 रहना 连用

同现在分词与 रहना 连用一样，过去分词与 रहना 连用也用作谓语，其性数随主语变。

过去分词与 रहना 连用表示"状态的保持",例如:

इस बाज़ार में दिन-भर बहुत भीड़ लगी रहती है।
这个市场整天拥挤不堪。
वह कमरे में दो घंटे तक बैठा रहा।
他在房间里坐了两个小时。

过去分词与 रहना 连用同现在分词与 रहना 连用的区别在于:前者表示"静态",即"某种状态的保持";后者则表示"动态",即"某种动作的持续"。过去分词与 रहना 连用时,以不及物动词构成者居多。

कहावतें

उपदेश करने से स्वयं करना भला।
(身教胜于言教。)
जिस डाली पर बैठे उसी को काटे।
(搬起石头砸自己的脚。)

 अभ्यास

1. उच्चारण कीजिये:

शब्द

कानून   बीरपुर   तय   अभाव   नज़र   सुरक्षित   कल्याण
चिल्लाना   फ़र्ज़   निभाना   समस्या   झिझकना   जैसा   कर्तव्य
स्नेह   सदस्य   वयस्क   परेशान   अन्य   यात्री

<u>वाक्यांश</u>

कुछ समय पहले　　　　सही ढंग से　　　　छोटे बच्चों के साथ

उसी समय　　　　भीड़ की वजह से

2. ऊँची आवाज़ से पढ़िये और रटने की कोशिश कीजियेः

（1） डीज़ल के अभाव में बसें कम चलती थीं।

（2） मुझे किसी तरह सीट मिल गई।

（3） मैं ने रामकुमार बाबू से दूसरी ख़ाली सीट पर बैठ जाने का इशारा किया।

（4） पिता जैसा प्रेम पाकर बच्चा शाँत हो गया और उसने खेलना शुरू कर दिया।

3. निम्नलिखित वाक्यों का विश्लेषण कीजिये और उनका चीनी में अनुवाद कीजियेः

（1） एक सीट पर सिर्फ़ एक महिला अपने दोनों छोटे बच्चों के साथ बैठी थी, जो उसे चिल्ला-चिल्ला कर तंग कर रहे थे।

（2） रामकुमार बाबू का बच्चे के प्रति गहरा स्नेह देख उस महिला को ऐसा अहसास हुआ जैसे घर से बाहर भी अपने परिवार का एक सदस्य मिल गया हो।

（3） मैंने अपनी सीट छोड़ दी और पास बैठे अन्य यात्रियों से उन परेशान महिलाओं को सीट देने का अनुरोध किया।

4. नीचे दिये वाक्यों को पूरा कीजियेः

（1） आप की बात सुनकर मुझे ऐसा अहसास हुआ जैसे _______

（2） आप से मिलकर मुझे ऐसा लगता है जैसे _______

（3） वह ऐसी बातें करता है जैसे _______

दूसरा पाठ हमेशा कानून ही नहीं...

(4) अगर आप को मालूम हो तो ______

(5) अगर आप यह किताब पढ़ चुके हों तो ______

(6) मैं सोचता हूँ कि अब तक वह अपने घर ______

(7) जब तक वह यहाँ बैठा रहेगा तब तक ______

(8) जब तक यह काम पूरा न करूँगा तब तक ______

5. निम्नलिखित शब्द-समूहों का अर्थ हिन्दी में बताइये:

建立共和国　　花费时间

组织人民的军队　　依靠自己的力量

进入新时代　　发展才能

建设强大的国家　　利用科学知识

谈论学习问题　　注意身体健康

6. निम्नलिखित शब्दों या वाक्यांशों का अपने वाक्यों में प्रयोग कीजिये:

(1) तय करना

(2) के अभाव में

(3) किसी तरह

(4) इशारा करना

(5) फ़र्ज़ (कर्तव्य) निभाना

(6) की वजह से

(7) लगना

(8) अनुरोध करना

(9) चुपचाप

(10) पालन करना

7. निम्नलिखित वाक्यों का अर्थ स्पष्ट कीजिये:

(1) संयोगवश मेरी नज़र "महिलाओं के लिए सुरक्षित" दो सीटों पर गई।

(2) आप यदि वहाँ बैठकर अपना फ़र्ज़ निभाएँ तो आप और उस महिला दोनों की समस्याएँ हल हो सकती हैं।

(3) परन्तु उन लोगों ने जवाब दिया--- "क्या ये महिलाओं की सीटें हैं? "

（4）"क्यों भाई, यदि इस समय आप की माँ-बहनें यहाँ आकर खड़ी हों तो क्या आप बैठे ही रहेंगे?"

8. निम्नलिखित शब्दों का एक-एक पर्यायवाची शब्द लिखिये:

   फ़र्ज़   समस्या   स्नेह   वजह   अन्य

9. निम्नलिखित के लिये कम-से-कम दो-दो संज्ञाएँ बताइये:

   खाली   गहरा   छोटा   सुन्दर   प्रमुख

10. चीनी वाक्यों का हिन्दी में अनुवाद कीजिये:

（1）前些日子因为钱不够我没能买这本书，今天总算买成了。

（2）看他谈话的样子像是位老师。

（3）同学们都在教室里坐着呢。

（4）有位同学站起来提问，他好像对某句话的意思没有理解。

（5）没有您的帮助这个问题是解决不了的。

（6）希望你能利用别人的经验来改进自己的学习方法。

（7）他不辞而别。

（8）这件事要靠法律解决。

（9）不多多练习，你们的口语能力是提不高的。

（10）不到必要的时候不要求助于别人。

（11）昨天你到哪儿去了，我等了你好久。

（12）请把这个房间腾出来，明天有客人来住。

（13）那是我应该做的，不必表扬。

（14）老师曾要求我们按时交作业，你忘了吗?

（15）我相信你们会把印地语学好的。

दूसरा पाठ   हमेशा कानून ही नहीं...

（16）世界上没有克服不了的困难。
（17）他是我们班上年龄最小的一个同学。
（18）只要你努力，学习上没有解决不了的问题。
（19）他暗示我不要说话。
（20）我们要发扬互助合作精神，把班里的工作搞好。

11. प्रश्नों के उत्तर दीजिये:

（1）लेखक अपने साथी रामकुमार जी के साथ कहाँ जा रहा था?
（2）जहाँ लेखक को जाना था वहाँ बसें क्यों कम चलती थीं?
（3）रामकुमार जी को सीट क्यों नहीं मिल रही थी?
（4）संयोगवश लेखक की नज़र किस चीज़ पर गई?
（5）एक सीट पर एक महिला अपने जिन बच्चों के साथ बैठी हुई थी, वे क्या कर रहे थे?
（6）लेखक ने रामकुमार बाबू से क्या करने का इशारा किया?
（7）जब रामकुमार जी "सिर्फ़ महिलाएँ" शब्द देखकर सकुचाए तो लेखक ने क्या कहा?
（8）उस खाली सीट पर बैठकर रामकुमार बाबू ने क्या किया?
（9）पिता जैसा प्रेम पाकर उस बच्चे को क्या हुआ जो अभी अपनी माँ को तंग कर रहा था?
（10）रामकुमार बाबू का बच्चे के प्रति गहरा स्नेह देखकर उस महिला को क्या अहसास हुआ?
（11）बीरपुर से वापसी में लेखक अपने साथी के साथ कहाँ बैठा हुआ था?
（12）इतने में जो महिलाएँ बस में आकर खड़ी हो गई, वे क्यों परेशान-सी लग रही थीं?
（13）लेखक ने अपनी सीट क्यों छोड़ दी?

（14）लेखक ने अपने सीट छोड़कर दूसरे यात्रियों से क्या अनुरोध किया?

（15）उन लोगोंने क्या जवाब दिया?

（16）लोगों का जवाब सुनकर लेखक ने क्या कहा?

（17）लेखक को उत्तर न देकर उन लोगोंने चुपचाप सीटें ख़ाली कर दीं, इसका कारण बताइये।

（18）लेखक ने क्यों कहा कि कानून पर ही हमेशा चलने से हमारा कल्याण नहीं हो सकता?

12. इस पाठ के अंतिम पैरे को --- “बीरपुर से वापसी में...” से अंत तक रटकर सुनाइये।

13. इस पाठ का सारॉंश अपने शब्दों में सुनाइये।

14. किसी छोटी घटना पर एक लेख लिखिये।

तीसरा पाठ

हिंदी भाषा

जनगणना के हिसाब से हिंदी मातृभाषा वाले बीस करोड़ भारतीय हैं। दुनिया में हिन्दी-हिन्दुस्तानी बोलने-समझने वालों की संख्या करीब तीस करोड़ है। यह इस हिसाब से दुनिया की तीसरे नंबर की भाषा है: चीनी, अंग्रेज़ी के बाद इसी का नंबर है। जिस देश में हम रहते हैं, उस में कई ज़बानें हैं, कई बोलियां हैं। हमारे देश में छह राज्य ऐसे हैं जहां हिन्दी और उसके अलग-अलग रूप बोले या समझे जाते हैं। इन की कुल जनसंख्या हिन्दुस्तान के करीब एक-तिहाई के बराबर होगी। इसके अलावा कश्मीर में, बम्बई-कलकत्ता जैसे बड़े शहरों में भी हिन्दी बोलने से काम चल सकता है। हिन्दुस्तान की सब से ज़्यादा फ़िल्में हिन्दी में बनती हैं। विदेशों में जब हग जाते हैं, तो हमारे देश की राष्ट्रभाषा के रूप में हिन्दी को आदर मिलता है। चीन, रूस, अमेरिका, जापान और जर्मनी आदि देशों में हिन्दी की पढ़ाई होती है। अपने देश में जो एक सौ पचास विश्वविद्यालय (यूनिवर्सिटियां) हैं, उन में से लगभग चालीस हिन्दी-भाषी प्रदेशों में हैं, और उन में भी कई जगह सारी पढ़ाई हिन्दी में हो रही है। यों आगे आनेवाले समय में भारत के जब ग़रीब से ग़रीब किसान और मज़दूर अपने देश के राजकाज में हिस्सा लेंगे तो देश की भाषाओं में ही सारा कारोबार होगा, और हिन्दी को प्रमुख स्थान मिलेगा।

स्वतंत्रता मिलने के बाद, अंग्रेज़ी राज ख़त्म हुआ और देश में संविधान बना। सन् पचास में संविधान में हिन्दी को राष्ट्रभाषा बनाया गया। कुछ लोग समझे इसने अंग्रेज़ी की जगह ले ली। कुछ लोग कहने लगे अभी तो यह भाषा पूरी तरह पक्की नहीं बनी। साइंस इसमें कैसे पढ़ाएंगे ? कई तरह की बातें लोग कहने लगे। यह सच है कि हिन्दी को सारा देश पूरे दिल से अपना रहा हो ऐसी बात नहीं है। कई जगह, ख़ास तौर से दक्षिण में, लोग हिन्दी नहीं समझते। पर कई जगह लोग तेज़ी से हिन्दी सीख रहे हैं, यह भी सही है।

राष्ट्रभाषा बनने से हिन्दी पर कई ज़िम्मेदारियां आईं। उसे राज-काज की भाषा, पढ़ाई-लिखाई की भाषा, परीक्षाओं की भाषा, बोलचाल की भाषा, साहित्य की भाषा और अनुवाद की भाषा एक साथ बनना पड़ा। ऐसी एक भाषा को संपर्क भाषा बनने के लिये बहुत-सी बातों की ज़रूरत होती है। भाषा के लिखने का ढ़ंग (हिज्जे या स्पेलिंग), शब्दों के अर्थ सब में एकरूपता लानी होती है। अभी हिन्दी इसी तरह के बदलते हुए दौर से गुज़र रही है।

आगे आनेवाली हिन्दी भारत के अलग-अलग भाषा-भाषी लोगों की मदद से समृद्ध बनेगी। ये लोग हिन्दी को अपनाएंगे और उस का उपयोग करेंगे। हिन्दी का रूप इस तरह से बदलेगा, बनेगा और बढ़ेगा। अंग्रेज़ी भाषा अमेरीका, कनाडा और आस्ट्रेलिया में ठीक उसी तरह नहीं बोली-लिखी जाती, जिस तरह इंग्लैंड में, तो उस से क्या हुआ ? भाषा फैलती है, तो बिखरती भी है, उभरती भी है। हिन्दी का भी रूप बदलेगा । पर उस से डरने की या घबड़ाने की कोई बात नहीं है। ज्यों-ज्यों बोलचाल की हिन्दी, किताबी हिन्दी और सरकारी हिन्दी के बीच खाई कम होती जाएगी, त्यों-त्यों हिन्दी का असर बढ़ता जाएगा और ताक़त भी बढ़ती जाएगी।

（"आदर्श गद्य पोथी" की "भूमिका" से चुना गया）

तीसरा पाठ　हिंदी भाषा

🪷 शब्दावली

जनगणना（阴）人口统计，人口调查
हिसाब（阳）计算
मातृभाषा（阴）母语
हिन्दुस्तानी（阴）印度斯坦语
संख्या（阴）数目，数字
करीब（副）大约
तीस（数）三十
नंबर（阳）（英）数目，号码
ज़बान（阴）语言；舌头
छह（数）六
अलग-अलग（形）不同的，各种各样的
राज्य（阳）邦
जनसंख्या（阴）人口
हिन्दुस्तान（阳）印度斯坦
एक-तिहाई（数）三分之一
काम（阳）事情，工作，活动
---चलना　使用，顶用，行得通
राष्ट्रभाषा（阴）国语
के रूप में　作为
आदर（阳）尊敬

---मिलना　受到尊敬
पचास（数）五十
चालीस（数）四十
भाषी（形）讲……语言的
हिन्दी भाषी　讲印地语的
प्रदेश（阳）地区
यों（副）这样，这样一来
गरीब（形）贫穷的
राजकाज（阳）国务，政务
कारोबार（阳）事务，营业
संविधान（阳）宪法
जगह（阴）地方；地位
की---लेना　代替……，取代……
साइंस（阴）（英）科学，自然科学
अपनाना（及）采取，采用
ज़िम्मेदारी（阴）责任
पर---आना　担负责任
पढ़ाई-लिखाई（阴）读与写；教学；教育
परीक्षा（阴）考试

बोलचाल（阴）口语，会话
सम्पर्क（阳）联系，交往
हिज्जे（阳）词的拼写法，拼写
स्पेलिंग（阳）（英）拼写
एकरूपता（阴）一致，统一
में---लाना 使……统一
दौर（阳）时期；阶段
गुज़रना（不及）经过
समृद्ध（形）丰富的
उपयोग（阳）利用，使用
का---करना 利用，使用
कनाडा（阳）加拿大
आस्ट्रेलिया（阳）澳大利亚

फैलना（不及）扩大，传播
उभरना（不及）成长，生长，
　　　　　　　成熟
डरना（不及）怕，害怕
से--- 害怕……
घबड़ाना(घबराना)（不及）惊慌，
　　　　　　　害怕
ज्यों-ज्यों---त्यों-त्यों--- 随着……，
　　　　　　　这时……
किताबी（形）书面的
सरकारी（形）政府的，官方的
खाई（阴）壕沟，鸿沟

 टिप्पणियाँ

1. बीस करोड़

意思是"二亿"。印地语中没有单独的词表示"亿"，而是用"十个千万"（दस करोड़）。二亿即"二十个千万"（बीस करोड़）。

同样，印地语中也没有单独的词表示"万"，而是用"十个千"（दस हज़ार）。如三万即"三十个千"（तीस हज़ार）。

2. कई

कई 和 कुछ 都是表示不确定的数字，都有"若干"的意思。但前者倾向于表示"多"，后者倾向于"少"。例如：

कई वर्ष पहले	好多年前
कुछ वर्ष पहले	几年前

3. हमारे देश में छह राज्य ऐसे हैं जहां हिन्दी और इस के अलग अलग रूप बोले या समझे जाते हैं।

（1）这是一个主从复合句。主句中 ऐसे 作表语（可理解为后面省略了 राज्य），是从句在主句中的相关词。从句中 जहां 意即 जिन में。例如：

हमारा विश्वविद्यालय ऐसा है जहां कई हज़ार विद्यार्थी पढ़ रहे हैं।
我们的大学里有好几千学生在学习。

这种句型更为常见的用法是 ऐसा...जो... 这是它的基本形式。如：

यह किताब ऐसी है जो सब को पसंद है।
这是一本大家都喜爱的书。

根据从句所述内容，जो 可变为 जिस में, जिस पर, जिस से 等。用 जहां 代替 जिस में 时，主句中的相关词所指的多为表示地点的名词，如课文中的 राज्य。

（2）बोले या समझे जाते हैं
बोले 后面省略了 जाते हैं。

4. इन की कुल जनसंख्या हिन्दुस्तान के करीब एक-तिहाई के बरबार होगी।

（1）动词 होना 的将来时可以表示推测、可能的意义。例如：

यह किसी साथी का कपड़ा होगा।

这大概是哪位同学的衣服。

यहां पहले सागर होगा।

这儿以前可能是海。

（2）एक-तिहाई 是三分之一；四分之一是 एक-चौथाई。自五分之一以后都用序数词加 भाग。如五分之一是（…का）पांचवां भाग，十分之一是（…का）दसवां भाग。

这句话若说"……相当于印度的大约五分之一"，则应这样说：

…हिन्दुस्तान के करीब पांचवें भाग के बराबर होगी।

5. ..., उन में से लगभग चालीस हिंदी-भाषी प्रदेशों में हैं...

चालीस 后面省略了 विश्वविद्यालय。

6. ग़रीब से ग़रीब

在两个形容词之间加 से，表示形容词的最高级，相当于 सब से…。这里也可以说 सब से ग़रीब。以 आ 结尾的形容词以 आई-ए-ई 规则变化。例如：

| ऊंची से ऊंची इमारत | 最高的建筑 |
| बड़े से बड़ा कमरा | 最大的房间 |

7. सन् पचास में संविधान में हिन्दी को राष्ट्रभाषा बनाया गया।

1950年在宪法中将印地语定为国语。

（1）सन् पचास में 为 सन् उन्नीस सौ पचास में 之省略。

（2）被动语态谓语动词的性、数与主语一致，主语加 को，则用阳、单形式。

8. कुछ लोग समझे इस ने अंग्रेज़ी की जगह ले ली।

　　这是一个主从复合句。主句 कुछ लोग समझे 后面省略了 कि。
　　本文中还有一处同样的省略，请注意。

9. यह सच है कि हिन्दी को सारा देश पूरे दिल से अपना रहा हो ऐसी बात नहीं है।

（1）ऐसी बात नहीं है 为主句倒装。正常的语序是 ऐसी बात नहीं है कि हिन्दी को सारा देश पूरे दिल से अपना रहा हो।

（2）主从复合句中，若主句为否定句，表示不存在的或与事实相反的事情，则从句往往用虚拟语气。如：

　　यह नहीं कि मुझे आप की बात पर विश्वास न हो रहा हो।
　　我并不是不相信您的话。

10. अंग्रेज़ी भाषा अमेरीका, कनाडा और आस्ट्रेलिया में ठीक उसी तरह नहीं बोली-लिखी जाती जिस तरह इंग्लैंड में, तो उस से क्या हुआ？

（1）句中 इंग्लैंड में 后面省略了谓语 बोली-लिखी जाती है。主语 अंग्रेज़ी भाषा 也省略了。

（2）तो क्या हुआ? 是个反问句，相当于汉语的"那又怎么样呢？"意思是"并没有怎么样"。

11. भाषा फैलती है तो बिखरती भी है, उभरती भी है।

　　这是个主从复合句，主句省略了关系副词 जब。

12. ई-（乌、印）

后缀，将名词变为形容词。如：

सरकार	+ ई → सरकारी	政府的
किताब	+ ई → किताबी	书面的
समाजवाद	+ ई → समाजवादी	社会主义的

ई-（乌）后缀，将形容词变为名词。如：

तेज़	+ ई → तेज़ी	迅速
तैयार	+ ई →तैयारी	准备
बेवकूफ़	+ ई → बेवकूफ़ी	愚蠢

व्याकरण

1. 进行时虚拟语气

进行时虚拟语气的构成是रहा加होना的虚拟形式。以动词आना为例，示其变化如下：

	单 数	复 数	表 尊 敬
一	मैं आ रहा होऊं	हम आ रहे हों	
二	तू आ रहा हो	तुम आ रहे होओ	आप आ रहे हों
三	वह आ रहा हो	वे आ रहे हों	वे आ रहे हों

注：（1）阴性将 रहा, रहे 变为 रही。

（2）否定式在动词前加否定词 न。

进行时虚拟语气表示对现在或过去正在进行的动作或状态的怀疑、猜测、假定等。例如：

इस समय वह अपने घर पहुंच रहा हो।

他现在可能快到家了。

ऐसा लगता है कि वह उड़ रही हो।

她好像在飞似的。

2. जिस तरह 引导的方式状语从句

由 जिस तरह 引导的方式状语从句，其主句中的相关词为 उस तरह，意思是"像……一样……""那样……，像……一样"。主句可以在从句之前，也可以在从句之后出现。例如：

आप उस तरह कीजिये जिस तरह वह करता है।

请您像他那样做。

这句话也可以这样说：

जिस तरह वह करता है उस तरह आप कीजिये।

为了加强语气，उस तरह 可用 उसी तरह，例如：

हमारे यहां लोग उसी तरह धर्म को नहीं मानते जिस तरह आप के देश में मानते हैं।

我们这儿不像你们国家那样信仰宗教。

这里，उस तरह...जिस तरह...也可以用 वैसे(ही)...जैसे...代替，意义相同。

3. 现在分词与 जाना 连用

同现在分词与 रहना 连用一样，现在分词与 जाना 连用，也表示"动作的连续性"，有"不断"的意思。例如：

नदी का पानी बहता जाता है।

河水不断地流去。

घंटियों की आवाज़ धीमी होती जा रही है।

钟声越来越小了。

现在分词与 जाना 连用,虽然也表示"继续",但不是像现在分词与 रहना 连用那样表示"在某段时间"之内的"继续",而是"从现在到将来"的继续,也就是说"今后"还要"继续下去"。试比较下面的两个例句:

कल मैं दस बजे तक आप का इन्तज़ार करता रहा।

昨天我一直等你到十点钟。

बोलचाल में इस शब्द का प्रयोग बढ़ता जाता है।

口语中这个词用的越来越多了。

4. ज्यों-ज्यों 引导的程度状语从句

由 ज्यों-ज्यों 引导的程度状语从句,表示程度的递增,有"随着……而……""越……越……"的意思。主句中的相关词 त्यों-त्यों,可以省略。

由 ज्यों-ज्यों 引导的从句,在主句之前出现。例如:

ज्यों-ज्यों वह बड़ा होता जाता है, (त्यों-त्यों) उस की समझ बढ़ती जाती है।

他越大越懂事了。

ज्यों-ज्यों हम सीखते जाते हैं, (त्यों-त्यों)हमारा ज्ञान भी समृद्ध होता जाता है।

我们的知识随着不断学习而愈加丰富。

ज्यों-ज्यों...त्यों-त्यों...也可以用 जैसे-जैसे...तैसे-तैसे 代替,意义相同。

तीसरा पाठ   हिंदी भाषा

कहावतें

जो चढ़ेगा सो गिरेगा।
（要往上爬，就会摔下来；只要做工作就会犯错误。）
जहां चाह तहां राह।
（有志者事竟成。）

 अभ्यास

1. उच्चारण कीजिये:

शब्द

जनगणना   करोड़   छह   राज्य   फ़िल्म   राष्ट्रभाषा
जर्मनी   दौर   यूनिवर्सिटी   कनाडा   समृद्ध   स्वतंत्रता
उभरना   आस्ट्रेलिया   घबड़ाना

वाक्यांश

इस हिसाब से   कई जगह
करीब एक-तिहाई के बराबर   आगे आनेवाले समय में
सब से ज्यादा   खास तौर से

2. निम्नलिखित वाक्यों को ऊंची आवाज़ से पढ़िये और उन को रटने की कोशिश कीजिये:

（1）दुनिया में हिन्दी-हिन्दुस्तानी समझने-बोलने वालों की संख्या तीस करोड़ है।

（2）हमारे देश के छह राज्य ऐसे हैं जहां हिन्दी और उस के अलग-अलग रूप बोले या समझे जाते हैं।

（3）कश्मीर में, बम्बई-कलकत्ता जैसे बड़े शहरों में भी हिन्दी बोलने से काम चल सकता है।

（4）स्वतंत्रता मिलने के बाद, अंग्रेज़ी राज ख़त्म हुआ और देश में संविधान बना।

（5）यह सच है कि हिन्दी को सारा देश पूरे दिल से अपना रहा हो ऐसी बात नहीं है।

（6）पर कई जगह लोग तेज़ी से हिन्दी सीख रहे हैं, यह भी सही है।

3. निम्नलिखित वाक्यों का विश्लेषण कीजिये, फिर उन का चीनी में अनुवाद कीजिये:

（1）जिस देश में हम रहते हैं, उस में कई जबानें हैं, कई बोलियां हैं।

（2）हमारे देश में छह राज्य ऐसे हैं जहां हिन्दी और उस के अलग-अलग रूप बोले या समझे जाते हैं।

（3）अपने देश में जो एक सौ पचास विश्वविद्यालय हैं उन में से चालीस हिन्दी-भाषी प्रदेशों में हैं, और उन में भी कई जगह सारी पढ़ाई हिन्दी में हो रही है।

（4）ऐसी एक भाषा को संपर्क भाषा बनने के लिये बहुत-सी बातों की ज़रूरत होगी।

（5）अंग्रेज़ी भाषा अमेरीका, कनाडा और आस्ट्रेलिया में ठीक उसी तरह नहीं बोली-लिखी जाती जिस तरह इंगलैंड में, तो उस से क्या हुआ?

（6）हिन्दी का भी रूप बदलेगा। पर उस से डरने की या घबड़ाने की कोई बात नहीं है।

4. निम्नलिखित वाक्यों को पूरा कीजियेः

（1）आप की सूरत देखकर मुझे ऐसा लगता है_____

（2）इस समय अध्यापक जी शायद______

（3）ऐसी बात नहीं कि______

（4）ज्यों-ज्यों समय बीतता जाता है,______

（5）यह सच है कि______

（6）हिन्दी ऐसी भाषा है जिसे आप ज्यों-ज्यों पढ़ते जाते हैं,______

（7）हमारे क्लास में कुछ विद्यार्थी ऐसे हैं______

（8）चीन में कुछ बोलियां ऐसी हैं______

（9）आप को उसी तरह हिन्दी बोलने की कोशिश करनी चाहिये______

（10）जिस तरह वह हमेशा सफ़र करता है______

5. नीचे दिये शब्द-समूहों का अर्थ हिन्दी में बताइये：

充分利用　　勉强通过

正确使用　　频频暗示

牢牢记住　　彻底解决

大力提高　　悄悄离开

坚决相信　　偶然相遇

6. नीचे लिखे हुए शब्दों या मुहावरों का अपने वाक्यों में प्रयोग कीजिये：

（1）क़रीब　　（6）हिस्सा लेना

（2）कई　　（7）जगह लेना

（3）के बराबर　　（8）के रूप में

（4）काम चलना　　（9）उपयोग करना

（5）आदर मिलना　　（10）डरना

7. निम्नलिखित वाक्यों का रूप "जो" या "जहां" का प्रयोग करके बदलियेः

（1）दुनिया में हिन्दी-हिन्दुस्तानी समझने-बोलने वालों की संख्या क़रीब तीस करोड़ है।

（2）हिन्दुस्तान की सब से ज्यादा फ़िल्में हिन्दी में बनती हैं।

（3）कई तरह की बातें लोग कहने लगे।

（4）पर कई जगह लोग तेज़ी से हिन्दी सीख रहे हैं, यह भी सही है।

8. चीनी वाक्यों का हिन्दी में अनुवाद कीजियेः

（1）作为一个教师，他到哪儿都受到尊敬。

（2）我们系里学习印地语的学生大约有 30 人。

（3）印地语是一种并不难学的语言。

（4）印度大约有三分之一的人能讲印地语或懂印地语。

（5）按人口来说，印度在世界上排第二位。

（6）这样搞不行。

（7）你要好好利用时间。时间一去不复返啊！

（8）我们班上并不是所有的人都读过这本小说。

（9）北京大约有三千万人口。

（10）你们学校恐怕有好几百外国学生吧？

（11）随着年龄的不断增长，他越来越聪明了。

（12）时间像河水一样不断流逝。

（13）外面好像有人在喊叫。

（14）春天，北京显得更美了。

（15）你觉得他这个人怎么样？

（16）他不愿干就算了，并不是没有人可以代替他。

（17）明天我在家里等你，你不来我哪儿也不去。

（18）今天大概是星期三吧。
（19）不要忘记，有一天你也会变成老人的。
（20）在我们国家，老年人处处受到尊敬，就像儿童处处受到爱护一样。

9. निम्नलिखित प्रश्नों के उत्तर दीजिये：

（1）भारत में कितने लोगों की मातृभाषा हिन्दी है?
（2）दुनिया में कितने लोग हिन्दी बोलते-समझते हैं?
（3）दुनिया में हिन्दी कौन-से नम्बर की भाषा है?
（4）हिन्दुस्तान की सब से ज्यादा फ़िल्में किस भाषा में बनती हैं?
（5）आज किन-किन देशों में हिन्दी की पढ़ाई होती है?
（6）हिन्दी को राष्ट्रभाषा कब बनाया गया?
（7）हिन्दी को राष्ट्रभाषा बनाये जाने के बाद लोग क्या क्या बातें कहने लगे? क्या उन का कहना ठीक है?
（8）राष्ट्रभाषा बनने से हिन्दी पर कौन-सी ज़िम्मेदारियां आ गई थीं?
（9）हिन्दी को सम्पर्क भाषा बनने के लिये किन-किन बातों की ज़रूरत होगी?
（10）आगे आनेवाली हिन्दी कैसे समृद्ध होगी?
（11）अंग्रेज़ी भाषा अमेरीका, कनाडा और आस्ट्रेलिया में ठीक उसी तरह नहीं बोली-लिखी जाती जिस तरह इंग्लैंड में, तो उस से क्या हुआ?
（12）हिन्दी का रूप बदलने से कोई डरने या घबड़ाने की बात क्यों नहीं है, इस का कारण बताइये।

10. इस पाठ के अंतिम अनुच्छेद को यानी "आगे आने वाली हिन्दी..." से अन्त तक रटकर सुनाइये।

11. "हिन्दी भाषा" शीर्षक पर बातचीत कीजिये।

चौथा पाठ

दुश्मन से हमेशा सतर्क रहो

मैं एक दिन दक्षिण के वनों में भ्रमण कर रहा था। नीला स्वच्छ आसमान था। रात को ओस में धुले हुए पेड़ पौधे सुबह की धूप में चमक रहे थे। बड़ा मनोरम दृश्य था। लेकिन... कहीं कोई लोमड़ी ख़रगोशों के झुंड पर ताक लगाए बैठी है, कहीं बगुला मछलियों को धोखा देने के लिए एक टांग पर खड़ा होकर मानों तपस्या कर रहा है, कहीं कोई बिलाव चिड़ियों के घोंसले पर हमला करने वाला है और कहीं जंगली सुअर शिकार न मिलने के कारण गुर्राते हुए अपने सिर को पेड़ों के तने से रगड़ रहा है। ऐसे अजीब वातावरण और मनोरम दृश्य को देखता हुआ मैं एक तालाब के किनारे आ पहुंचा। वहां मैंने एक बूढ़े बाघ को बैठे देखा। कहने को तो वह बाघ था पर वह एक हाथ से माला जप रहा था और उस के दूसरे हाथ में सोने का कंगन था। उस का धार्मिक रूप देखकर मुझे हंसी आ गई, पर दूसरे ही क्षण मैं गंभीर हो गया। मैं सोचने लगा यह बाघ आज अवश्य कोई न कोई गुल खिलाएगा।

झील के पास ही एक पगडंडी थी। आने जाने वालों का वहां तांता लगा था। बाघ पथिकों को सम्बोधित करके कह रहा था, "पथिको। मैं आज कुछ दान करना चाहता हूँ। मेरे पास सोने का कंगन है। जो चाहे इसे ले सकता है।"

लोग उस की ओर देखते और उस की चालाकी पर हंसकर आगे का रास्ता

चौथा पाठ दुश्मन से हमेशा सतर्क रहो

नापते। इतने में एक भोलाभाला पथिक भी उसी रास्ते से निकला। बाघ ने उसे भी निमन्त्रण दिया। सोने के कंगन का नाम सुनकर पथिक सोचने लगा, "मेरा आधा जीवन बीत गया। अभी तक अपनी पत्नी के लिए ऐसा सुंदर कंगन बनवाना तो दूर रहा, नाम के लिए एक छोटा सा आभूषण भी नहीं बनवा पाया। यह कंगन पाकर मेरी पत्नी फूली न समाएगी। जब वह कंगन पहनकर निकलेगी तो वह कितनी सुंदर लगेगी।" यह सोचकर वह वहीं खड़ा हो गया।

बाघ ने देखा पथिक ने अन्य राहगीरों की भांति उसके निमन्त्रण की उपेक्षा नहीं की और न ही तिरस्कार की हंसी हंसता हुआ आगे बढ़ गया। तो वह बोला, "क्या सोच रहे हो पथिक?"

पथिक ने सोचा, इस दयालु धर्मात्मा बाघ से कोई खतरा नहीं। फिर धन तो ख़तरे में पड़कर ही मिलता है। वह इसी उधेड़बुन में लगा हुआ था कि बाघ ने फिर अपने वाक्यों को दुहराया। पथिक बाघ से बोला, "ज़रा अपना कंगन अच्छी तरह दिखाओ।" बाघ ने कंगन को घुमा फिरा कर दिखा दिया। सूरज की रोशनी में कंगन में जड़े रत्न चमक उठे।

"यह तो ठीक है कि तुम्हारे पास कंगन है, पर तुम्हारे जैसे हिंसक पशु पर विश्वास कैसे किया जाए?"

"हे भोले पथिक।" बाघ ने गंभीर भाव से कहा ---"आज से कुछ समय पूर्व जब कि मैं भी पूर्ण युवा था, अन्य पशुओं की भांति पापी था। मैंने अनगिनत मनुष्यों और पशुओं को मारा। इसका दण्ड मुझे यह मिला कि मैं वंश-हीन हो गया। मेरे युवा पुत्र शिकारियों के शिकार बने। मेरे पापों का दण्ड मुझे मिल गया। उस दिन से मैं सदा डरकर रहने लगा। एक दिन मैं इसी तरह उदास भाव से तालाब के किनारे बैठा हुआ था कि एक धर्मात्मा इसी रास्ते से निकला। मुझे उदास देख उस ने मेरी उदासी का कारण पूछा। जब मैं ने अपनी दुःख-भरी कहानी सुनाई, तो उसने कहा---

'हे बाघ। तुम धर्म का आचरण करो। तुम्हें मानसिक शांति मिलेगी।'

उसी के उपदेश से प्रभावित होकर मैं धर्म कार्य करने लगा। आज मैं यह सोने का कंगन दान करना चाहता हूँ। पर दुःख इस बात का है कि कोई मुझ पर विश्वास ही नहीं करता...।"

बाघ की बातों को सुनकर पथिक को विश्वास हो गया। पथिक कुछ बोलने ही वाला था कि बाघ फिर बोल उठा---

"पथिक। तुम व्यर्थ ही भयभीत होते हो। तुम दान लेने योग्य हो, अतः मैं तुम्हें ही दान देना चाहता हूँ। शास्त्रों में भी लिखा है कि दान दरिद्र को ही देना चाहिए। ऐसा दान ही सफल होता है। तुम मुझे बहुत ही दरिद्र दिखाई पड़ रहे हो। तुम्हें दान देने से मेरी चिरपोषित अभिलाषा पूर्ण हो जाएगी। तुम शीघ्र ही इस तालाब में स्नान कर लो और इस पार आकर मेरा दान ग्रहण करो।"

बाघ की बातों से कंगन के लोभ में आकर भोला पथिक तालाब में उतर गया। तालाब में गहरा दलदल था। पथिक थोड़ा आगे बढ़ा कि उस दलदल में फंस गया और ज्यों ज्यों निकलने की कोशिश की, दलदल में और अधिक फंसता गया। पथिक को दलदल में फंसा देखकर बाघ उस की ओर बढ़ा और बोला--- "पथिक, स्नान क्यों नहीं करते?"

पथिक बोला--- "स्नान कैसे करूं? मैं तो दलदल में फंस गया हूँ। तुम्हीं मुझे निकालो।"

बाघ उसके पास पहुंचकर बोला--- "तुम इस तालाब के दलदल की बात कहते हो, मैं तो तुम्हें संसार के दलदल से ही छुड़ाने वाला हूँ।"

इतना कहकर बाघ ने पथिक को आसानी से खा लिया।

सच है, दुश्मन से हमेशा सतर्क रहना चाहिए।

चौथा पाठ　दुश्मन से हमेशा सतर्क रहो

शब्दावली

सतर्क（形）警惕的，谨慎的
से---रहना　警惕……，当心……
वन（阳）森林
भ्रमण（阳）游历，旅行；行走
---करना　游历，旅行；行走
स्वच्छ（形）清澈的，明亮的
ओस（阴）露水
धुलना（不及）被水洗
धूप（阴）阳光
चमकना（不及）闪闪发光
मनोरम（形）迷人的，美丽的
झुंड（阳）一群，一伙
ताक（阴）注视
पर---लगाना　注视，观察，
　　　　　　　等待机会
बगुला（阳）鹤
टांग（阴）腿
धोखा（阳）欺骗
---देना　欺骗
मानों（连）犹如，好像
तपस्या（阴）苦行
---करना　苦行，修炼

बिलाव（阳）野猫
जंगली（形）野的，野生的；
　　　　　森林的
शिकार（阳）猎获物；牺牲品
तना（阳）树干，树身
रगड़ना（及）擦，磨，摩擦
से---　用……磨
माला（阳）念珠
---जपना　数念珠
सोना（阳）金子
कंगन（阳）手镯
हंसी（阴）笑
को---आना　感到好笑
क्षण（阳）刹那
---में　刹那间
गंभीर（形）严肃的
कोई न कोई　不是这个就是
　　　　　　那个，总有某个
गुल（阳）玫瑰花，花
---खिलाना　做出奇异的事情，
　　　　　　搞新花样
पगडंडी（阴）小路，羊肠小径

45

तांता（阳）一排，一队，长队
---लगना 连成一排，结成长队
संबोधित（形）被呼喊的，被招
　　　　　　呼的，被称呼的
---करना 呼喊，招呼；称呼
दान（阳）施舍，捐献
---करना 施舍，捐献
---देना 给施舍
चालाकी（阴）狡猾，狡猾手段
नापना（及）丈量
रास्ता--- 走路，行走
भोला-भाला（形）老实的，
　　　　　　头脑简单的
निमंत्रण（阳）邀请
---देना 邀请
आभूषण（阳）首饰
राहगीर（阳）行路人
की भांति = की तरह
उपेक्षा（阴）忽视，不理睬
की---करना 忽视……，不理睬
तिरस्कार（阳）轻视，蔑视
दयालु（形）仁慈的，善心的
धर्मात्मा（形）虔信宗教的；有道德的
　　　　（阳）有道德的人，圣人
उधेड़बुन（阴）思索，踌躇

घुमाना（及）使转动
फिराना（及）使翻转
जड़ना（及）镶嵌
रत्न（阳）宝石
हे（感叹）咳，喂
भोला（形）老实的
भाव（阳）情绪，感情
गंभीर---से 严肃地，郑重地
पूर्व（副）以前
के---（后）在……之前
पूर्ण（形）完全的，完成的
युवा（阳）年轻人
पापी（形）有罪的，罪恶的
अनगिनत（形）无数的
दंड（阳）惩罚
वंश（阳）家族，家系
---हीन 无后代的，绝后的
पाप（阳）罪孽
उदास（形）不悦的，闷闷不
　　　　乐的，悲伤的
उदासी（阴）悲伤,忧愁
आचरण（阳）行动；行为，
　　　　品行
का---करना 依……行事
मानसिक（形）心灵的，精神上的

चौथा पाठ　दुश्मन से हमेशा सतर्क रहो

उपदेश（阳）教训，教导
प्रभावित（形）受感动的，被感化的
---होना　受感动，被感化
भयभीत（形）害怕的，胆怯的
दरिद्र（形）贫穷的
चिरपोषित（形）久怀心中的
अभिलाषा（阴）愿望，希望
पार（阳）岸，边
इस---　此岸

ग्रहण（阳）获得，得到
---करना　接受，取得
लोभ（阳）贪心，诱惑
---में आना　贪图……，
　　　　　　受……诱惑
छुड़ाना（及）使解脱，
　　　　　　使解除，救出
आसानी（阴）容易
---से　容易地

टिप्पणियाँ

1. ... कहीं बगुला मछलियों को धोखा देने के लिये एक टांग पर खड़ा होकर मानों तपस्या कर रहा है...,

　　句中 मानों 意思是"好像"，用于比喻。例如：

वह इतनी तेज़ी से भाग रहा है कि मानों उड़ रहा है।
他跑得这么快，就像飞似的。

带 मानों 的句子常用虚拟语气。मानों 也可以用 जैसे 代替。

2. ... कहीं कोई बिलाव चिड़ियों के घोंसले पर हमला करने वाला है...

　　不定式+वाला 与 होना 连用，作谓语，表示动作的"即将发生"。例如：

ज़रा ठहरो, वह आनेवाला है।　　等一下，他就要来了。

पानी बरसनेवाला है। 要下雨了。

3. कहने को तो वह बाघ था पर...

句中 कहने को 是一个习语，意思是"说起来""虽说"。例如：

कहने को तो वह बच्चा है पर बड़ों की तरह बातें करता है।
虽说他是个小孩子，可谈起话来却像个大人。

4. ... पर दूसरे ही क्षण मैं गंभीर हो गया।

दूसरे ही क्षण 后省略了 में，意思是"转瞬间""顷刻间""马上"。

5. आने-जाने वालों का वहां तांता लगा था।

句中 लगा 为 लगना 的过去分词，作表语，说明主语 तांता 的状态。तांता लगा था 意思是"排成长队"。

6. लोग उस की ओर देखते और उस की चालाकी पर हंस कर आगे का रास्ता नापते।

本句为过去经常时省略了 होना (थे)。

在叙述某件事情的过程中，过去经常时的 होना 有时可以省略。这从上下文中可以看出，不会误认为假设语气。

7. इतने में एक भोला-भाला पथिक भी उसी रास्ते से निकला।

（1）इतने में 意思为"这时"，相当于 उस समय。又如：

हम कमरे में बातचीत कर रहे थे, इतने में पानी बरसने लगा।
我们正在屋里谈话，这时下起雨来了。

（2）---रास्ते से निकलना　　从……路上经过

8. अभी तक अपनी पत्नी के लिये ऐसा सुंदर कंगन बनवाना तो दूर रहा, नाम के लिये एक छोटा सा आभूषण भी नहीं बनवा पाया।

（1）...तो दूर रहा是个习语，意思是“差得远” “不要说”。例如：

मुक्ति से पहले स्कूल में जाना तो दूर रहा, उस का जीवित रहना भी मुश्किल था।

解放前不要说上学，他连活命都困难。

तुम्हारी बात तो दूर रही, अपने भाई को भी वह कभी क्षमा नहीं करते।

别说你了，他连自己的兄弟也从不宽恕。

（2）नाम के लिये也是个习语，意思是“名义上”“表面上”。例如：

नाम के लिये वह पढ़ रहा है, पर वास्तव में उस का मन पढ़ने-लिखने में नहीं लगता।

他表面上在学习，可实际上并不专心。

9. बाघ ने देखा पथिक ने अन्य राहगीरों की भांति उस के निमंत्रण की उपेक्षा नहीं की...

की भांति或की तरह（像……一样）用于否定句时，表示“不像……那样”，而不是“像……一样，不……”。例如：

आप की तरह मैं यह किताब पसन्द नहीं करता।

我不像您那样喜欢这本书。

आज इतवार है, पर वह हमेशा की तरह मुझ से मिलने नहीं आया।

今天是星期日，可他没有像往常那样来看我。

10. **पर दुख इस बात का है कि कोई मुझ पर विश्वास ही नहीं करता।...**

　　主句为倒装句，省略了主语。正常的语序应该是：

　　（मुझे）इस बात का दुख है कि...

　　这里所以用倒装，是为了强调 दुख，由此更显出老虎的伪善面孔。

11. **तुम दान लेने योग्य हो...,**

　　句中 लेने योग्य 为 लेने के योग्य 的省略。

　　后置词 के योग्य 意为"适于……的""值得……的""配得上……的"。例如：

यह खेती के योग्य ज़मीन है।　　这是适于耕作的土地。

तुम प्रशंसा के योग्य हो।　　你是值得称赞的。

वह इनाम पाने (के) योग्य है।　　他是配得上得奖的。

12. **शास्त्रों में भी लिखा है कि दान दरिद्र को ही देना चाहिए।**

　　句中 लिखा 为分词作表语，与 है 一起构成谓语，意思是"写着"。主句中省略了相关词 यह。由 कि 引导的主语从句。

13. **पथिक थोड़ा आगे बढ़ा कि---**

　　这里 थोड़ा 用作状语，意思是"一点"（路）"几步"。

चौथा पाठ दुश्मन से हमेशा सतर्क रहो

 व्याकरण

1. कि 引导的时间状语从句

由 कि 引导的时间状语从句，表示它所叙述的事件是在主句动作之前或正在进行中所发生的，常常是突然的或出乎意料的事件。主句中没有相关词。从句紧接在主句后出现。例如：

मैं अपने कमरे में बैठा हुआ था कि एक मित्र आया।

我正在屋里坐着，来了一位朋友。

मैं बाहर जानेवाला था कि पानी बरसने लगा।

我正要出去，突然下起雨来了。

यह बच्चा बहुत छोटा है, दो कदम चला कि गिर गया।

这孩子太小了，刚走了两步就摔倒了。

2. 复合动词 उठना

复合动词 उठना 表示动作的突然发生。例如：

वह डर से कांप उठा।

他吓得发抖。

यह दृश्य देखकर वह चिल्ला उठी।

看到这个景象，她大声叫喊起来。

复合动词 उठना 的使用，不像 जाना，लेना，देना 等那样广泛，而且多与不及物动词连用。

3. 助动词 पाना

助动词 पाना 表示"能"。例如：

समय के अभाव में मैं यह काम पूरा नहीं कर पाया।
由于时间不够，我未能完成这项工作。

सकना 也表示"能"，但多指主观的能力，而 पाना 多指由于客观原因而造成的"能"或"不能"。

पाना 的本义"得到""获得"，作为助动词，与其本义仍有联系，因而含有"得以"的意思。例如：

उस की अभिलाषा पूरी नहीं हो पाई।
他的愿望未能实现。
मौसम की वजह से आज हम नहीं जा पाएंगे।
由于天气的关系，今天我们去不成了。
मुझे आशा नहीं था कि तुम आ पाओगे।
我没想到你能来得了。

注意：पाना 作为助动词使用，按不及物动词变化。

कहावतें

कौन है जिस से ग़लती नहीं होती।
（人非圣贤，孰能无过。）
जैसा देश वैसा भेष।
（入乡随俗。）

अभ्यास

1. उच्चारण कीजियेः

शब्द

भ्रमण स्वच्छ लोमड़ी झुंड गुर्राना कंगन हंसी
गंभीर पगडंडी संबोधित निमंत्रण आभूषण भांति धर्मात्मा
उधेड़बुन जड़ना रत्न पूर्ण दंड

वाक्यांश

धोखा देने के लिये दूसरे ही क्षण शिकार न मिलने के कारण
कोई न कोई एक तालाब के किनारे अच्छी तरह

2. निम्नलिखित वाक्यों को ऊंची आवाज़ से पढ़िये और उन्हें रटकर सुनाने की कोशिश कीजिये:

(1) रात की ओस में धुले हुए पेड़-पौधे सुबह की धूप में चमक रहे थे।

(2) कहने को तो वह बाघ था पर वह एक हाथ से माला जप रहा था और उस के दूसरे हाथ में सोने का कंगन था।

(3) झील के पास ही एक पगडंडी थी। आने-जाने वालों का वहां तांता लगा था।

(4) वह इसी उधेड़बुन में लगा हुआ था कि बाघ ने फ़िर अपने वाक्यों को दुहराया।

(5) पथिक कुछ बोलने ही वाला था कि बाघ फिर बोल उठा।

(6) बाघ की बातों से कंगन के लोभ में आकर वह भोला पथिक तालाब में उतर गया।

3. नीचे लिखे वाक्यों का विश्लेषण कीजिये, फिर उन का चीनी में अनुवाद कीजिये:

(1) कहीं कोई लोमड़ी ख़रगोशों के झुंड पर ताक लगाए बैठी है, कहीं बगुला मछलियों को धोखा देने के लिये एक टांग पर खड़ा होकर मानों तपस्या कर रहा है, कहीं कोई बिलाव चिड़ियों के घोंसले पर हमला करनेवाला है और कहीं जंगली सुअर शिकार न मिलने के कारण गुर्राते हुए अपने सिर को पेड़ों के तने से रगड़ रहा है।

(2) मेरा आधा जीवन बीत गया। अभी तक अपनी पत्नी के लिये ऐसा सुन्दर कंगन बनवाना तो दूर रहा, नाम के लिये एक छोटा-सा आभूषण भी नहीं बनवा पाया।

(3) बाघ ने देखा पथिक ने अन्य राहगीरों की भांति उस के निमंत्रण की उपेक्षा नहीं की और न ही तिरस्कार की हंसी हंसता हुआ आगे बढ़ गया।

(4) यह तो ठीक है कि तुम्हारे पास कंगन है, पर तुम्हारे जैसे हिंसक पशु पर विश्वास कैसे किया जाए?

(5) एक दिन मैं इसी तरह उदास भाव से तालाब के किनारे बैठा हुआ था कि एक धर्मात्मा इसी रास्ते से निकला।

(6) पथिक थोड़ा आगे बढ़ा कि उस दलदल में फंस गया और ज्यों ज्यों निकलने की कोशिश की, दलदल में और अधिक फंसता गया।

4. निम्नलिखित शब्दों का पर्यायवाची शब्द दीजिये:

वन   आसमान   पथिक   रोशनी   पूर्व   पूर्ण   युवा
दंड   क्षमा   दरिद्र

5. निम्नलिखित विशेषणों के लिये कम से कम दो दो संज्ञाएं दीजिये:

जंगली   गंभीर   अनगिनत   मानसिक

6. निम्नलिखित वाक्यों का अर्थ हिन्दी में समझाइये:

(1) लोग उस की ओर देखते और उस की चालाकी पर हंसकर आगे का रास्ता नापते।

(2) तुम मुझे बहुत ही दरिद्र दिखाई पड़ रहे हो।

(3) यह कंगन पाकर मेरी पत्नी फूली न समाएगी।

(4) सच है, दुश्मन से हमेशा सतर्क रहना चाहिये।

7. नीचे लिखे वाक्यों को पूरा की नीचे:

(1) हम क्लासरूम में बैठे हुए बातचीत कर रहे थे कि______

(2) मैं आप से मिलने आनेवाला था कि______

(3) हम आप को बुलाने वाले थे कि______

(4) मैं एक अभ्यास भी पूरा नहीं कर पाया कि______

(5) वह एक शब्द भी नहीं बोल पायी कि______

(6) हम अपने काम में लगे हुए थे कि______

8. नीचे दिये शब्द-समूहों का अर्थ हिन्दी में बताइये:

由于缺乏经验	相当于四分之一
毫不犹豫	由于健康的原因
作为一名大学生	除印地语以外
值得尊敬	为了人民的幸福

9. निम्नलिखित का अपने वाक्यो में प्रयोग कीजिये:

(1) सतर्क रहना

(2) धोखा देना

(3) हमला करना

(4) कहीं...कहीं...

(5) मानों

(6) कहने को

（7）दूसरे ही क्षण
（8）तो दूर रहा
（9）प्रभावित होना
（10）कोई न कोई
（11）दंड मिलना
（12）के योग्य

10. चीनी वाक्यों का हिन्दी में अनुवाद कीजिये:

（1）他看起来有点不高兴。

（2）老师严肃地望着我，好像挺生气。

（3）虽说他是我的亲戚，可我从来未见过他。

（4）学习要有好的方法，死记硬背是不行的。

（5）通过考试可以检查一下大家学到了多少知识。

（6）考试得第一名的有奖。

（7）您的意思他好像没有理解。

（8）老师对我的帮助使我很受感动。

（9）大家安静，马上就要上课了。

（10）我正要去找你，你就来了。

（11）他一句话还没说完就哭起来了。

（12）看样子要出太阳了。

（13）因为公共汽车上人很多，车走得慢，所以我未能按时到达。

（14）他可不像你这么纯朴。

（15）这是公共图书馆，谁想借书都可以借。

（16）既然到市场来了，总该买件东西。

（17）不要着急，总会有解决问题的办法的。

（18）要按法规办事，谁犯错误谁就该挨罚。

（19）我本想批评他，可转念一想，光批评也不行。他需要的是帮助。

（20）成功的秘诀在于不怕困难，勇往直前。

11. प्रश्नों के उत्तर दीजिये:

（1）लेखक जब दक्षिण के वनों में भ्रमण कर रहा था तो वहां का वातावरण कैसा था?

（2）लेखक ने तालाब के किनारे जो बाघ देखा वह क्या कर रहा था?

（3）लेखक को उस बाघ का रूप देखकर क्यों हंसी आई और दूसरे ही क्षण वह क्यों गंभीर हो गया?

（4）बाघ पथिकों से क्या कह रहा था?

（5）बाघ के निमंत्रण की लोग क्यों उपेक्षा कर रहे थे?

（6）सोने के कंगन का नाम सुन कर उस भोलेभाले पथिक ने क्या सोचा?

（7）पथिक ने क्या सोचकर बाघ से कंगन अच्छी तरह दिखाने को कहा?

（8）जब उस पथिक ने बाघ पर अविश्वास प्रकट किया तो बाघ ने गंभीर भाव से क्या कहा?

（9）बाघ की बातों को सुनकर पथिक ने क्या किया?

（10）बाघ फिर क्या बोला?

（11）वह भोला पथिक तालाब में कयों उतरा?

（12）जब पथिक तालाब में उतरकर थोड़ा आगे बढ़ा तो उस को क्या हुआ?

（13）पथिक को दलदल में फंसा देखकर बाघ ने क्या किया?

（14）फिर पथिक क्या बोला?

（15）बाघ ने पथिक से कहा “मैं तो तुम्हें संसार के दलदल से ही छुड़ानेवाला हूं।” इस वाक्य का अर्थ स्पष्ट कीजिये।

（16）अंत में बाघ ने क्या किया?

（17）इस पाठ को पढ़कर आप को क्या शिक्षा मिली?

12. इस पाठ का सारांश अपने शब्दों में सुनाइये।

13. इस पाठ के अंतिम भाग को ---" पथिक। तुम व्यर्थ ही भयभीत होते हो "---"दुश्मन से हमेशा सतर्क रहना चाहिये।" रटकर सुनाइये।

14. इस पाठ के विषय पर एक छोटी-छोटी सी कहानी लिखिये।

पांचवां पाठ

एक यात्रा के संस्मरण

रात की यात्रा थी। बहुत सोच-विचार के पश्चात् यह तय हुआ कि बारी-बारी से हम चार लोगों में से दो लोग सोयें और दो लोग सामान की रक्षा करें। एक-दो स्टेशन आने तक तो सब ठीक रहा, पर उस के पश्चात् सामान की रक्षा किसने की, यह भगवान ही जाने। जब मेरी आंख खुली तो देखा कि सूर्य नारायण का प्रकाश चारों ओर फैला हुआ है और मेरे सारे साथी खर्राटे ले रहे हैं। दिल्ली अब अधिक दूर नहीं थी। सब को जगाया और सामान ठीक करना प्रारम्भ कर दिया। दिल्ली में ठहरने की समस्या सामने आएगी इसलिए एक धर्मशाला का पता मालूम करके चले थे। पर वहां पहुँचने पर मालूम हुआ कि उसे धर्मशाला के बजाय होटल कहना ही अधिक उपयुक्त होगा। दो रुपया प्रतिदिन के हिसाब से पांच दिन का अग्रिम भुगतान करने पर एक कमरा मिला। उस में जगह इतनी थी कि कठिनाई से ही हम चारों के लेटने का प्रबन्ध हो सका। कुछ खाया-पिया और थोड़ी देर विश्राम किया। उस के पश्चात् हम लोग निकल पड़े दिल्ली घूमने।

दिल्ली में दर्शनीय स्थानों का इतना बाहुल्य है कि हम लोग यही निश्चय नहीं कर पा रहे थे कि पहले किधर जायें। धर्मशाला पुरानी दिल्ली में थी, इसलिए यही निश्चय हुआ कि पहले लाल किला, जामा मस्जिद और चांदनी चौक ही देखे जाएं।

चांदनी चौक जाने के लिए तांगेवाले से बात कर ही रहे थे कि पीछे से घंटी बजने की आवाज़ आई। मुड़कर देखा तो ट्राम आ रही थी। यद्यपि उस में बहुत अधिक भीड़ थी पर हम लोग भी किसी तरह चढ़ ही गए। ट्राम पर बैठने का हमारा यह प्रथम अवसर था। ट्राम से उतरकर चांदनी चौक खूब देखा और फिर लाल किला देखने चले।

लाल किला, जैसा कि उस के नाम से ही बोध होता है, लाल पत्थर का बना हुआ है। इस के चारों ओर खाई है जिसे प्रदर्शक के कथनानुसार शत्रु के आक्रमण का भय होने पर पानी से भर दिया जाता था। किले के भीतर दर्शनीय स्थानों में "दीवाने आम" और "दीवाने ख़ास" मुख्य हैं। इन में किले के निर्माता शाहजहां तथा उसके वंश के सम्राटों का दरबार होता था। फिर हम लोग किले के अन्य दर्शनीय स्थानों को देखते रहे जिन में ब्रिटिश सरकार द्वारा स्थापित संग्रहालय भी था। संग्रहालय देखते समय ही घंटी बजी और हमें बताया गया कि बाहर निकलने का समय हो गया है। यद्यपि अभी हम पूरा किला नहीं देख पाये थे परन्तु बाहर आना ही पड़ा। उसके सामने बनी हुई जामा मस्जिद दिखाई दी और फिर हम उसी की सीढियों पर चढ़ने लगे। प्रदर्शक ने बताया कि यह एशिया की सबसे बड़ी मस्जिद है। उसके वृहदाकार को देखकर हम लोग वास्तव में आश्चर्य-चकित हो गए।

दूसरे दिन प्रातः ही हम लोग चल पड़े नई दिल्ली में बिड़ला-बंधुओं द्वारा बनवाए गए प्रसिद्ध लक्ष्मी नारायण मंदिर को देखने। इस मंदिर को सामान्यतः बिड़ला-मंदिर के नाम से सम्बोधित किया जाता है। इस मंदिर की जितनी भी प्रशंसा की जाए, थोड़ी है। ऐसा लगता था कि हम एक विभिन्न लोक में आ गए हैं जहां कुशल शिल्पियों और चित्रकारों ने अपनी कल्पना के आधार पर एक अनुपम सौंदर्य-जगत का निर्माण किया है। हिन्दुओं के प्रमुख देवी-देवताओं की मूर्त्तियां वहां विद्यमान हैं। मंदिर में सर्वत्र दीवारों पर ऐतिहासिक दृश्य प्रदर्शित करने वाले चित्र बने हैं जो हमें अपने गौरवपूर्ण अतीत का स्मरण दिलाते हैं। हम लोग खाने-पीने की सुध-बुध भूल गये और कैमरे पर रीलें ही चढ़ाते उतारते रहे। उस दिन सायंकाल तक का समय मंदिर देखने में ही निकल गया।

अगले दिन सबेरे ही कुतुबमीनार देखने जाने के लिए मेहरौली की बस पर सवार हुए। मार्ग में न मालूम कितने नगर पड़े। ये सब नवनिर्मित बस्तियां हैं और दिल्ली के उपनगर हैं। बस-स्टेशन से कुतुबमीनार तक पहुंचते-पहुंचते न जाने कितने मकबरों और ऐतिहासिक भवनों के ध्वंसावशेष देखे। कुतुबमीनार के पास ही एक लौह स्तंभ खड़ा है, जिस पर ज़ंग का नाम न था। यह किसी हिन्दू सम्राट द्वारा बनवाया गया है। उसे देखने के पश्चात् कुतुबमीनार की कुछ उजली और कुछ अंधेरी लगभग तीन सौ अस्सी सीढ़ियां चढ़कर उस की चोटी पर पहुंचे। वहाँ से नीचे देखने पर ऐसा लगता था कि जैसे हम बादलों की गोद से पृथ्वी तक का अवलोकन कर रहे हों। दस-बारह मील दूर स्थित लाल किला और जामा मस्जिद भी स्पष्ट दीख रहे थे। वापस होते-होते सायंकाल हो गया। फिर नई दिल्ली का प्रसिद्ध बाज़ार कनाट सर्कस देखा।

फिर इस के बाद हमने इंडिया गेट की छवि देखी। उस के निकट बनी नहर में कुछ देर नौका-विहार किया और रात होते-होते अपने निवास-स्थान पर वापस आए।

इस समय तक हम न तो यमुना में स्नान कर पाये थे, न ही आकाशवाणी का दिल्ली केन्द्र ही देखा था और न दिल्ली के बाज़ार अच्छी तरह घूमने का ही अवसर मिला था। परन्तु हम लोगों की जेबें ख़ाली होने वाली थीं। इसलिए अगले ही दिन वापसी की बात तय हुई। जल्दी-जल्दी घर के सब लोगों के लिए कुछ न कुछ उपहार ख़रीदे और दोपहर की ट्रेन से ही वापसी यात्रा आरम्भ की।

शब्दावली

संस्मरण（阳）回忆

सोच-विचार（阳）思索，思考

के पश्चात्（后）के बाद

तय（阳）决定

（形）决定的

---होना（करना）决定

बारी（阴）次序；轮换
बारी बारी से 按次序，一个一个地；轮流
भगवान（阳）（印度教）薄伽梵，上帝，老天爷
---जाने 天晓得
नारायण（阳）那罗延（毗湿奴神）；神
खर्राटा（阳）鼾声
---लेना 打鼾，酣睡
जगाना（及）使醒，唤醒
प्रारम्भ（阳）开始
---करना 开始
सामने（副）面前，前面
---आना 出现
धर्मशाला（阴）福舍，宗教会馆（通常为圣地朝圣者准备的住所）
मालूम（形）知道的
---करना 了解，打听
के बजाय（后）代替
होटल（阳）（英）饭店
उपयुक्त（形）合适的，适当的
अग्रिम（形）预付的（款项）
भुगतान（阳）缴纳，支付

---करना 缴纳，支付
दर्शनीय（形）值得看的，好看的
बाहुल्य（阳）多，众多
निश्चय（阳）决定
---करना 决定
किधर（副）向哪里，往哪里
तांगा（阳）二轮马车
तांगेवाला（阳）马车夫
यद्यपि（连）虽然
चढ़ना（不及）登上；乘坐（车等）
प्रथम（形）第一的，首先的（副）首先，起初
उतरना（不及）下，下来
बोध（阳）知识；理解
---होना 知道，了解
प्रदर्शक（阳）向导；指示者
के कथनानुसार（后）按照……所说的，根据……所讲的
शत्रु（阳）敌人
आक्रमण（阳）进攻
भय（阳）害怕，担心

पांचवां पाठ एक यात्रा के संस्मरण

का---होना 害怕……，担心……
दीवाने आम (阳) 平民可以入内的宫廷接待室
दीवाने ख़ास (阳) 只限王公大臣参加的机密会议厅
निर्माता (阳) 建造者，缔造者
सम्राट (阳) 帝王
दरबार (阳) 宫廷；宫廷会议
संग्रहालय (阳) 博物馆
सीढ़ी (阴) 梯子；台阶
वृहदाकार (阳) 宏伟的外型
आश्चर्यचकित (形) 惊讶的，感到奇怪的
प्रातः (阳) 早晨，黎明
चल पड़ना (不及) 出发，起程
बिड़ला 比尔拉（一财团）
---बन्धु 比尔拉家族成员
लक्ष्मी (阴) 吉祥天女（毗湿奴神的妻子，财富女神）
मंदिर (阳) 庙，庙宇
सामान्यतः (副) 一般，通常
विभिन्न (形) 不同的，另外的
लोक (阳) 世界
शिल्पी (阳) 手工艺工人

चित्रकार (阳) 画家
कल्पना (阴) 想象
सौंदर्य (阳) 美，美丽
जगत् (阳) 世界
विद्यमान (形) 存在的
सर्वत्र (副) 各处，各地
ऐतिहासिक (形) 历史的，历史上的
प्रदर्शित (形) 被表现出来的，被展示的
---करना 表现，展示
अतीत (阳) 过去
स्मरण (阳) 记忆
दिलाना (及) 使交给
सुध-बुध (阴) 知觉；感觉
---भूलना 失去知觉；没有感觉
कैमरा (阳) (英) 照相机
रील (阴) (英) 胶片
चढ़ाना (及) 安上，装上
उतारना (及) 卸下
सायंकाल (阳) 黄昏
मेहरौली 地名
सवार (形) 乘坐的
पर---होना 乘坐……
नवनिर्मित (形) 新建的

बस्ती（阴）居民区
उपनगर（阳）郊区；卫星城
ध्वंसावशेष（阳）废墟
लौह（形）铁的
ज़ंग（阳）锈，铁锈
उजला（形）光亮的，明亮的
अंधेरा（形）黑暗的
चोटी（阴）顶端
अवलोकन（阳）观察，观看
का---करना 观察，观看
स्थित（形）位于……的
दीखना（不及）显示，被看见
कनाट सर्कस（阳）市场名

गेट（阳）（英）门，城门
छवि（阴）美丽；形象
नौका（阴）船
विहार（阳）消遣，玩耍
---करना 消遣，玩耍
निवास（阳）居住，居留
---स्थान 住所
आकाशवाणी（阴）印度广播电台
जेब（阴）衣袋，口袋
कुछ न कुछ 不论什么；至少
उपहार（阳）礼物
ट्रेन（阴）火车
वापसी（形）返回的

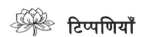 टिप्पणियाँ

1. एक-दो स्टेशन आने तक तो सब ठीक रहा पर उस के पश्चात् सामान की रक्षा किस ने की, यह भगवान ही जाने।

（1）एक-दो स्टेशन आने तक

स्टेशन आना 意为"到站"，स्टेशन 为 आना 的施事。तक 这里的意思是 के पहले。

（2）सब ठीक रहा 一切正常

सब 是主语。रहा 是 रहना 的过去时，作谓语动词。रहना 这里作系动词，意为"保持，维持"。ठीक रहना 的意思是"保持正常"。

2. सब को जगाया और सामान ठीक करना प्रारम्भ कर दिया।

（1）这句话省略了主语 मैं ने。

（2）ठीक करना 构成动词，这里意为"整理"。

3. पर वहां पहुँचने पर मालूम हुआ कि उसे धर्मशाला के बजाय होटल कहना ही अधिक उपयुक्त होगा।

（1）句中 पर 用在不定式的后面，表示"……之后"，有 के बाद 的意思。例如：

भोजन करने पर कसरत नहीं करनी चाहिये।

饭后不应锻炼身体。

कुछ कदम चलने पर वह रुक गया।

他走了几步便站住了。

（2）后置词 के बजाय 意为"代替……""不是……而是……"。例如：

हाथ से धोने के बजाय मशीन से धोना अधिक अच्छा है।

用机器洗代替手洗要好得多。

आप उस के बजाय मुझे दे दीजिये।

您不要给他，给我吧。

4. उस में जगह इतनी थी कि कठिनाई से ही हम चारों के लेटने का प्रबन्ध हो सका।

这是一个主从复合句。कि 引导的是程度状语从句，主句中的相关词为 इतना。此句 इतनी 后面省略了 छोटी 或 कम。

इतना...कि...意思为"如此……以致……"。例如：

वह इतनी तेज़ी से भाग गया कि कोई उसे नहीं पकड़ सका।

他跑得那么快，谁也没能捉住他。

बस में इतनी भीड़ थी कि बैठना तो दूर रहा, खड़े रहना भी कठिन था।

公共汽车上人太多了，别说坐了，连站着都困难。

5. उस के पश्चात् हम लोग निकल पड़े दिल्ली घूमने।

（1）这是个倒装句。正常次序应是 दिल्ली घूमने निकल पड़े。倒装是为了突出 दिल्ली घूमने。

（2）复合动词 पड़ना 在本句中的含义与 जाना 相同。

（3）घूमना 这里译为"逛""游览"。

6. ट्राम पर बैठने का हमारा यह प्रथम अवसर था।

这是我们第一次乘坐电车。

本句主语是 यह。表语为 ट्राम पर बैठने का हमारा प्रथम अवसर。

在表语很长的情况下，主语往往可以放在表语中适当的位置，一般放在中心词的前面。例如：

तुम्हारे लगन से न पढ़ने का यही फल है।

这正是你不努力学习的结果。

7. लाल किला, जैसा कि उस के नाम से ही बोध होता है, लाल पत्थर का बना हुआ है।

这里(लाल पत्थर) का 的用法相当于 से。这句话的意思是"用红色石头做成的"。表示"用……做成的"，多可用 का 代替 से。如：

यह मकान शीशे का बना हुआ है।

这房子是用玻璃做的。

पांचवां पाठ एक यात्रा के संस्मरण

यह दीवार मिट्टी की बनी है।
这墙是用泥土做的。

注：过去分词可用简式，如第二个例句。

8. इस के चारों ओर खाई है जिसे प्रदर्शक के कथनानुसार शत्रु के आक्रमण का भय होने पर पानी से भर दिया जाता था।

句中 पर 表示原因。又如：

उसे अपनी ग़लती पर दुख है।
他因自己的错误而难过。
हम अपनी मातृभूमि के नाम पर गर्व करते हैं।
我们为祖国感到骄傲。

9. इस मंदिर की जितनी भी प्रशंसा की जाए, थोड़ी है।
无论怎样赞美这座神庙都不过分。

（1）जितना भी 的意思是"无论多少""不管怎么多"。जितना 的用法见课本语法注释。

（2）थोड़ी है 省略了主语 उतनी प्रशंसा。
थोड़ा 在句中意为"少""不多"。这里也可用 कम。

10. ऐसा लगता था कि हम एक विभिन्न लोक में आ गए हैं...
我们觉得好像来到了另一个世界。

ऐसा लगता था 省略了逻辑主语 हम (को)。
कि 引导的是主语从句，主句中相关词为 ऐसा。又如：

(मुझे) ऐसा लगता है कि आप मुझ से नाराज़ हैं।
看来您在生我的气。

ऐसा लगता है 也可以说 ऐसा मालूम होता है，意义和用法相同。

在这种句型中，कि 后面有时可加 जैसे。这时，从句则带有了比拟性质了，谓语动词也多用虚拟语气。

加 जैसे 后，कि 则可不用，而变为比拟状语从句。（参阅第 2 课注释 4）

11. मार्ग में न मालूम कितने नगर पड़े।

（1）न मालूम 是个习语，意思是"不知道""不晓得"，常与疑问词 कितने, क्या, क्यों, कहां, कौन 等连用。例如：

न मालूम वह कहां गया।

不知道他到哪儿去了。

（2）动词 पड़ना 这里表示在通往某地的路途中"有""出现"等。如：

उन के घर के रास्ते में एक पुल पड़ता है।

到他家去的路上有一座桥。

本句中 पड़े 可理解为 दिखाई पड़े。

12. ...न जाने कितने मकबरों और ऐतिहासिक भवनों के ध्वंसावशेष देखे।

न जाने 与 न मालूम 在意义和用法上相同。

13. कुतुबमीनार के पास ही एक लौह स्तंभ खड़ा है जिस पर ज़ंग का नाम न था।

句中 नाम 意为"痕迹、迹象"。ज़ंग का नाम न था 意思是"丝毫没有生锈"。

14. उसे देखने के पश्चात् कुतुबमीनार की कुछ उजली और कुछ अंधेरी लगभग तीन सौ अस्सी सीढ़ियां चढ़कर उस की चोटी पर पहुंचे।

句中“कुछ…, और कुछ…”意思是“有些是……，有些是……”。又如：

मैं ने कुछ बड़ी और कुछ छोटी कुल दस किताबें ख़रीदीं।

我大大小小一共买了十本书。

15. -कार（梵）

后缀，置于名词后面，表示“动作发出者”。如：

चित्र	+	कार	→	चित्रकार	画家
साहित्य	+	कार	→	साहित्यकार	文学家
सलाह	+	कार	→	सलाहकार	劝告者；顾问

व्याकरण

1. जितना 引导的程度状语从句

用 जितना 引导的程度状语从句，是从数量上与主句中相关词所表示的程度进行对比。主句中用相关词 उतना 或 इतना。主句可在从句之前，也可在从句之后出现。例如：

वह उतना खा सकता है जितना तुम नहीं खा सकते।

你没有他吃得多。

उत्तर में जितनी (अधिक) सर्दी है दक्षिण में उतनी नहीं।

南方没有北方冷。

वह इतना लम्बा नहीं है जितना उस का भाई।

他不如他兄弟高。

注意：（1）उतना 和 जितना 的性数随其被修饰语变。

（2）主句在从句之后出现时，相关词 उतना 有时可省略。

2. जैसा कि 引导的附加句

由 जैसा कि 引导的附加句，是对主句所陈述内容加以补充说明。जैसा कि... 意思是"正如……""就像……"。

由 जैसा कि 引导的附加句可以置于主句之前、之后或中间，用逗号与主句隔开。主句中没有与之相应的相关词。例如：

जैसा कि सब लोग जानते हैं, यह एक बहुत कठिन कार्य है।

正像大家所知道的，这是一项很艰巨的任务。

मैं ने इस पाठ को रट लिया है, जैसा कि अध्यापक जी चाहते थे।

我已经像老师所要求的那样把这课书背下来了。

注意：जैसा 没有性、数的变化。

3. तो 与 पर 构成的并列复合句

语气词 तो 单独使用时在句中一般只表示强调、肯定等语气，没有具体含义，但当它与转折连词 पर 引导的句子连用并构成并列复合句时，便有了具体的意义。这时 तो 即表示"虽然""倒是"等意，पर 表示"但是""可是"等。例如：

उस का भाई तो आया है, पर वह नहीं आया।

他的兄弟倒是来了，可他没来。

यह मशीन छोटी तो है, पर है मज़बूत।

पांचवां पाठ   एक यात्रा के संस्मरण

这机器虽小，但结实。

आप ने मुझ से कहा तो था, पर मैं भूल गया।

您是跟我说过的，可我忘了。

तो 在句中的位置依据所述的重点来设置。तो 可放在任何成分之后，而将该成分作为所述重点。这时，पर 引导的句子的重点也相应转移。试比较下列各句：

मैं ने तो यह बात उस से कही थी, पर अध्यापक जी ने नहीं कही थी।

我倒是跟他说过这件事，可老师没说过。

मैं ने यह बात तो उस से कही थी, पर दूसरी बातें नहीं कही थीं।

这件事我是跟他说过的，可别的事没说。

मैं ने यह बात उस से तो कही थी, पर किसी दूसरे से नहीं।

这件事我跟他是说过的，可对别人没说过。

मैं ने यह बात उस से कही तो थी, पर उस ने ध्यान नहीं दिया।

这件事我对他是说过的，可他没注意。

注意：朗读时重音的位置依所述重点来确定。

तो 与 पर 构成的并列复合句在印地语中使用较多，应反复练习，努力掌握。

कहावतें

जो जैसा करेगा वैसा भरेगा।

（善有善报，恶有恶报。）

जितना व्यापार उतना नफ़ा।

（费多少力气就有多少收获。）

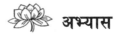

अभ्यास

1. उच्चारण कीजिये:

शब्द

संस्मरण	तय	खर्राटा	प्रारम्भ	उपयुक्त	निश्चय
ट्राम	पत्थर	भय	सम्राट	सीढ़ी	बिड़ला
लक्ष्मी	विभिन्न	कल्पना	सौंदर्य	विद्यमान	
सर्वत्र	कथनानुसार		आश्चर्यचकित		

वाक्यांश

बहुत सोच-विचार के पश्चात्	कठिनाई से ही	बारी-बारी से
अपनी कल्पना के आधार पर	भगवान ही जाने	ऐसा लगता था कि
दो रुपया प्रतिदिन के हिसाब से	जल्दी-जल्दी	

2. नीचे लिखे वाक्यों को ऊंची आवाज़ से पढ़िये और उन्हें रटने की कोशिश कीजिये:

(1) जब मेरी आंख खुली तो देखा कि सूर्य नारायण का प्रकाश चारों ओर फैला हुआ है और मेरे साथी खर्राटे ले रहे हैं।

(2) उस में जगह इतनी थी कि कठिनाई से हम चारों के लेटने का प्रबंध हो सका।

(3) यद्यपि उस में बहुत अधिक भीड़ थी पर हम लोग भी किसी तरह चढ़ ही गये।

(4) लाल किला, जैसा कि उस के नाम से बोध होता है, लाल पत्थर का बना हुआ है।

(5) उस के वृहदाकार को देखकर हम लोग वास्तव में आश्चर्य-चकित हो गए।

(6) हम लोग खाने-पीने की सुध-बुध भूल गए।

3. निम्नलिखित वाक्यों का चीनी में अनुवाद कीजिये:

(1) दिल्ली में ठहरने की समस्या सामने आएगी इसलिये एक धर्मशाला का पता मालूम करके चले थे।

(2) पर वहां पहुंचने पर मालूम हुआ कि उसे धर्मशाला के बजाय होटल कहना ही अधिक उपयुक्त होगा।

(3) इस के चारों ओर खाई है जिसे प्रदर्शक के कथनानुसार शत्रु के आक्रमण का भय होने पर पानी से भर दिया जाता था।

(4) ऐसा लगता था कि हम एक विभिन्न लोक में आ गए हैं जहां कुशल शिल्पियों और चित्रकारों ने अपनी कल्पना के आधार पर एक अनुपम सौंदर्य-जगत का निर्माण किया है।

(5) मंदिर में सर्वत्र दीवारों पर ऐतिहासिक दृश्य प्रदर्शित करने वाले चित्र बने हैं जो हमें अपने गौरवपूर्ण अतीत का स्मरण दिलाते हैं।

(6) इस समय तक हम न तो यमुना में स्नान कर पाये थे न आकाशवाणी का दिल्ली केन्द्र ही देखा था और न दिल्ली के बाज़ार अच्छी तरह घूमने का अवसर मिला था । परंतु हम लोगों की जेबें खा़ली होने वाली थी, इसलिये अगले ही दिन वापसी की बात तय हुई।

4. निम्नलिखित वाक्यों का अर्थ स्पष्ट कीजिये:

(1) दिल्ली में दर्शनीय स्थानों का इतना बाहुल्य है कि हम लोग यही निश्चय नहीं कर पा रहे थे कि पहले किधर जाएं।

(2) हम लोग खाने-पीने की सुध-बुध भूल गये और कैमरे पर रीलें ही चढ़ाते-उतारते रहे।

(3) मार्ग में न मालूम कितने नगर पड़े।

(4) कुतुबमीनार के पास ही एक लौह स्तंभ खड़ा है जिस पर ज़ंग का नाम न था।

5. नीचे दिये शब्दों को अपने वाक्यों में प्रयुक्त कीजिये:

(1) बारी-बारी से
(2) सामने आना
(3) के बजाय
(4) कठिनाई से
(5) निश्चय होना
(6) आश्चर्यचकित होना
(7) स्मरण दिलाना
(8) न मालूम (न जाने)

6. नीचे दिये वाक्यों का विश्लेषण कीजिये:

(1) एक-दो स्टेशन आने तक तो सब ठीक रहा, पर उस के पश्चात् सामान की रक्षा किस ने की, यह भगवान ही जाने।
(2) चांदनी चौक जाने के लिये तांगेवाले से बात कर ही रहे थे कि पीछे से घंटी बजने की आवाज़ आई।
(3) दूसरे दिन प्रातः ही हम लोग चल पड़े नई दिल्ली में बिड़ला बन्धुओं द्वारा बनवाये गये प्रसिद्ध लक्ष्मी नारायण मंदिर को देखने।
(4) वहां से नीचे देखने पर ऐसा लगता था जैसे हम बादलों की गोद से पृथ्वी तक अवलोकन कर रहे हों।

7. निम्नलिखित वाक्यों को पूरा कीजिये:

(क)

(1) यह लड़का उतना तेज़ है _____
(2) यह सवाल इतना मुश्किल नहीं है _____
(3) जितनी ज़्यादा किताबें वह पढ़ चुका है _____
(4) जितनी कुशलता से वे काम कर लेते हैं _____

पांचवां पाठ   एक यात्रा के संस्मरण

(ख)

(1) लंबी दीवार, जैसा कि उस के नाम से ही बोध होता है,_____
(2) जैसा कि आप सब को मालूम है,_____
(3) _____,जैसा कि आप मुझ से आशा करते थे।
(4) आज का मौसम, जैसा कि हम चाहते थे,_____

(ग)

(1) आप से मिलकर मुझे ऐसा लगता है कि_____
(2) यह ख़बर सुनकर ऐसा लगता था कि_____
(3) उन से बातें करके ऐसा लगता है कि जैसे_____
(4) ऐसा लगता है कि जैसे_____

(घ)

(1) आप की बात तो ठीक है, पर_____
(2) आप की बात ठीक तो है, पर_____
(3) मैं अनुवाद तो कर चुका हूँ, पर_____
(4) मैं अनुवाद कर तो चुका हूँ, पर_____

8. निम्नलिखित शब्द-समूहों का अर्थ हिन्दी में बताइये:

学过的课文   老师提的问题

完成了的作业   印度生产的影片

取得的经验   你担负的责任

决定了的事情   他洗的衣服

9. चीनी वाक्यों का हिन्दी में अनुवाद कीजिये:

（1）大家安静！不要一起说，一个一个地说。

（2）来到学校我觉得好像回到家里一样。

（3）听到这个消息他高兴得跳了起来。

（4）你们要做好准备，因为可能会遇到许多难以解决的问题。

（5）这些照片使我想起了许多往事。

（6）吃过晚饭他没有回宿舍，直接到图书馆去了。

（7）昨天我一直等你到四点钟。

（8）今天是我第一次游览长城。

（9）正如你所希望的，我们已决定明天出发去南方旅行。

（10）天晓得他跑到哪儿去了。

（11）他从没有像今天来得这么早。

（12）不要停住，继续说下去。

（13）不知道他今天为什么没来上课。大概是病了吧。

（14）我是照你说的办的。

（15）只要努力，总会有收获的。

（16）那个人我是认识的，可不记得他叫什么名字了。

（17）对那些看起来很老实实际上很坏的人要保持警惕。

（18）这里有一张电影票，谁想要谁就拿去吧。

（19）您说话太快了，我听不懂。请慢点说。

（20）考试的时间定下来了吗？

10. निम्नलिखित प्रश्नों के उत्तर दीजिये:

(1) रात की यात्रा में यात्रियों ने सामान की किस तरह रक्षा की?

(2) जब लेखक की आंख खुली तो उस ने क्या देखा?

(3) दिल्ली में यात्री लोग कहाँ ठहरे?

(4) यात्री लोग क्यों निश्चय नहीं कर पा रहे थे कि पहले किधर जाएँ?

(5) बाद में क्या निश्चय किया और क्यों?

(6) वे लोग चांदनी चौक देखने के लिये कैसे चले, तांगे से या ट्राम से?

(7) चांदनी चौक देखने के बाद वे फिर कहां चले?

(8) लाल किले के बारे में कुछ बताइये।

(9) जामा मस्जिद के बारे में आप क्या जानते हैं?

(10) दूसरे दिन यात्री लोग कहां गये?

(11) लक्ष्मीनारायण मंदिर के बारे में आप जो कुछ जानते हैं वह बताइये।

(12) अगले दिन यात्री लोग कहां गये? और कैसे गये?

(13) कुतुबमीनार के मार्ग में यात्रियों ने क्या क्या देखा?

(14) वह लौह स्तंभ कहां पर खड़ा है? उसे किस ने बनवाया है?

(15) कुतुबमीनार के बारे में कुछ बताइये।

(16) अंत में यात्रियों ने कौन-सा स्थान देखा?

(17) यात्री लोगों ने जल्दी-जल्दी वापसी की बात क्यों तय की?

(18) इस पाठ को पढ़कर आप को क्या लगा?

11. इस पाठ का सारांश सुनाइये।

12. इस पाठ के पहले दो पैराग्राफों को रटकर सुनाइये।

13. "एक यात्रा" शीर्षक पर कुछ बोलिये।

छठा पाठ

दो की लड़ाई में तीसरे का भला

गरमी का मौसम था और एक ऊदबिलाव शिकार की तलाश में एक तालाब के किनारे किनारे टहल रहा था। अचानक उसने देखा कि दूर से लहरों को काटती हुई हरे रंग की एक बहुत ही खूबसूरत मछली उधर आ रही है।

मछली बड़े मज़े से तैर रही थी। लेकिन उसे पकड़ना बहुत कठिन था। एक तो वह किनारे से काफ़ी दूर थी, दूसरे वह बहुत तेज़ गोता लगानेवाली मछलियों में से थी। इतने में उसने देखा कि एक बड़ी शानदार मोटी-ताज़ी लाल रंग की मछली सामने पानी से खेल रही थी। इस मछली का हाथ आना तो और भी कठिन था। जब बहुत देर तक ताक-झांक करने पर भी कुछ नतीजा न निकला तो मन ही मन वह अपने आप को कहने लगा--- " सुनो भाई ऊदबिलाव, बड़े-बूढ़ों ने कहा है कि जहां हाथ नहीं चलते, वहाँ ज़बान चलती है।"

यह सोचकर वह उल्टे पांव पीछे को पलटा और जहां वह हरी मछली तैर रही थी, उस किनारे के पास जाकर कहने लगा---" खूबसूरती की देवी, मुझे आपसे कुछ कहना है।"

हरी मछली अपने लिए इस तरह आदर के शब्द सुनकर खुशी से फूली न समायी और बोली--- " कहो, क्या बात है? "

ऊदबिलाव ने कहा---"अगर कोई सोने को पीतल बताए और अच्छे को बुरा तो कैसा लगेगा? "

मछली ने कहा--- "बेशक, बुरा मालूम होगा।"

ऊदबिलाव बोला---" तो फिर वह लाल मछली जो है, अभी-अभी अपनी सहेलियों से कह रही थी कि यह हरी मछली इतनी क्यों इतराती है।"

हरी मछली ऊदबिलाव से कहने लगी---" तुम ज़रा उस कलमुंही से कह देना कि मुंह संभालकर बात किया करे, वरना इस ताल में रहना दूभर कर दूंगी।"

इस तरह उस हरी मछली को भड़काकर अब ऊदबिलाव उस किनारे के पास आया जहां वह लाल मछली तैर रही थी और पुकारकर कहने लगा---" ज़रा इस खेल-कूद को बन्द करके मेरी एक बात तो सुन लो महारानी। वह हरी मछली ताल की और मछलियों से तुम्हारे बारे में क्या-क्या कह रही है, कुछ उसकी भी ख़बर है? "

लाल मछली यह बात सुनकर ठिठकी और बोली ---" क्या कहा तुमने? "

ऊदबिलाव बोला---" उसने तुम्हारे बारे में ऐसी-ऐसी गालियां बकी हैं कि मेरा तो दिल हिल गया। कलमुंही, फूहड़, बेवक़ूफ़ और न जाने क्या-क्या बना दिया उसने तुमको! "

लाल मछली ये बातें सुनकर गुस्से से लाल हो गयी और आगबबूला होकर कहने लगी---"उस भोंड़ी बेहूदी से कह देना कि क्या जूते खाने को सिर खुजला रहा है।"

ऊदबिलाव फिर पलटा और हरी मछली के पास आकर बोला---"हमें तो अब यह जगह छोड़ देनी पड़ेगी। "

हरी मछली ने कहा---"क्यों, क्या बात है? "

ऊदबिलाव कहने लगा--- " तुम्हारी प्यारी-प्यारी सलोनी सूरत और नेक स्वभाव से कुछ ऐसा प्रेम हो गया है कि अगर कोई तुम्हारे बारे में कुछ बेजा बात कहता है तो जी चाहता है कि उसकी ज़बान खींच लूं। पर क्या करूं, कुछ बस नहीं

चलता।"

हरी मछली ने कहा---" क्या उसी निगोड़ी ने फिर कुछ और कह दिया? "

ऊदबिलाव ने कहा---"अजी, कोई एक बात कही हो तो बताऊं। कहने लगी कि कलमुंही किसी ऊंचे घराने की थोड़ी ही है। ख़बर नहीं, कहाँ की रहनेवाली है। मुझे तो बिल्कुल गंवार मालूम होती है, उजड्डु। न बात करने का ढंग, और न तैरने की तमीज़।"

यह सुनकर तो हरी मछली आपे से बाहर हो गई। वह चीख़ने लगी---"भगवान करे वह ऐसी जगह पीटी जाए जहां पानी न मिले।"

ऊदबिलाव ने यह गाली याद कर ली और तुरंत ही फिर लाल मछली की तरफ़ रवाना हो गया।

लाल मछली उसकी बाट जोहती हुई अब भी पानी पर तैर रही थी। ज्यों ही उसने ऊदबिलाव को देखा, चीख़कर कहने लगी---"उसी कमीनी के पास से आ रहे हो न? "

ऊदबिलाव ने सिर झुका लिया और कुछ भी न बोला।

लाल मछली कहने लगी---" क्यों ...? "

ऊदबिलाव ने कहा---"अजी, तुम्हारे बारे में उसने जो बातें कही हैं कि है भगवान।"

लाल मछली ने कहा---"कुछ सुनाओ तो सही, क्या-क्या कहा है उस डायन ने? "

ऊदबिलाव ने खूब नमक मिर्च लगाकर हरी मछली ने जो-जो कहा था वह सब सुना दिया। लाल मछली का तो यह हाल हुआ कि मानों उसके तन-बदन में मिर्चें लग गईं।

ऊदबिलाव ने कहा---"अब ज़रा संभल जाओ। वह अपने हिमायतियों को जमा करने जा रही है और उनके साथ तुम पर चढ़ाई करेगी।"

लाल मछली ने कहा---" मैं अभी उसका और उसके हिमायतियों का मिज़ाज

दुरुस्त किए देती हूं।"

ऊदबिलाव यह सुनकर उल्टे पाँव बड़ी तेज़ी से भागा और हरी मछली से चिल्लाकर कहने लगा---"लो, अब होशियार हो जाओ। वह तुम पर चढ़ाई कर रही है।"

हरी मछली ने कहा---"धन्यवाद। आने दो, अभी ख़बर लेती हूं उसकी।"

इतने में लाल मछली आ ही पहुंची। फिर दोनों लड़ने लगीं। कभी यह ऊपर तो कभी वह नीचे। कभी वह ऊपर और कभी यह नीचे। जब लड़ते-लड़ते वे चित हो जातीं तो उनके पेट की सफ़ेद-सफ़ेद चांदी की तरह चमकदार खाल देखकर ऊदबिलाव के मुंह में पानी भर आता।

थोड़ी देर में लड़ते-लड़ते वे दोनों बेदम हो गईं और पानी के ऊपर तैरती हुई किनारे से आ लगीं। अब ऊदबिलाव के लिए अच्छा मौका था। ऊदबिलाव ने बात की बात में उन्हें अपने पेट में धर लिया।

सच है, दो में फूट डालकर इसी तरह तीसरा अपना भला किया करता है।

शब्दावली

भला（阳）好处，利益
ऊदबिलाव（阳）水獭
तलाश（阴）寻找
की---में　寻找
टहलना（不及）走，散步
लहर（阴）波浪
काटना（及）切，割
लहरों को---　破浪，迎着浪头
ख़ूबसूरत（形）好看的，漂亮的
तैरना（不及）游泳；漂动
गोता（阳）潜水
---लगाना　潜水
शानदार（形）仪表堂皇的，有气派的
मोटा-ताज़ा（形）肥胖的
हाथ आना（不及）得到，到手
और भी　更，更加
ताक-झांक（阴）注视，伺机

---करना　注视，伺机

नतीजा（阳）结果

---निकलना　得到结果

मन ही मन　心里，暗自

अपने आप（代）自己

बड़े-बूढ़े（阳）老人们，先人

उलटा（形）相反的

पलटना（不及）向后转；返回

उलटे पांव（पलटना）马上（返回）

ख़ूबसूरती（阴）美丽，漂亮

पीतल（阳）铜

बेशक（副）无疑地

सहेली（阴）女友

इतराना（不及）装腔作势；妄自尊大

कलमुंहा（形）没脸的，该死的

संभालना（及）控制

मुंह संभालकर बातें करना　说话当心

वरना（副）否则，不然

ताल（阳）水池

दूभर（形）困难的

---करना　使……变得困难，使……难以……

भड़काना（及）煽动，挑动

पुकारना（及）招呼，呼喊

महारानी（阴）王后，皇后

ख़बर（阴）消息

को---होना　有消息，听说，知道

की---लेना　教训，惩罚

ठिठकना（不及）突然停住，呆立

गाली（阴）骂人的话

बकना（及）胡说，说废话

गाली---　谩骂

दिल हिलना　心里打颤，心惊肉跳

फूहड़（形）粗野的，粗俗的

गुस्सा（阳）怒，怒气

गुस्से से लाल होना　非常生气

आग-बबूला（形）发火的，生气的

---होना　气急败坏

भोंडा（形）畸形的，丑陋的

बेहूदा（形）下流的，粗野的

खुजलाना（不及，及）发痒，抓痒

सलोना（形）娇丽的，美丽诱人的

सूरत（阴）脸型，面貌，面庞
नेक（形）好的，善良的
स्वभाव（阳）性格，脾气
कुछ ऐसा（形）非常的，特殊的
बेजा（不变形）不恰当的，
不合适的
जी（阳）心
---चाहना 心想，想要……
खींचना（及）拉，扯
बस（阳）力量，权利
---चलना 有力量，有办法
निगोड़ा（形）无用的，没有本事的
अजी（感叹）哎！喂！
घराना（阳）家庭，家族
गंवार（形，阳）大老粗，土包子
उजड्ड（形）不文明的，粗鲁的
तमीज़（阴）本事，懂行
की---होना 会……；懂……
आपा（阳）自我；自制力
आपे से बाहर होना（由于怒）失去自制
力，控制不住自己
तन（阳）身体
बदन（阳）身体
तन---में मिर्च लगना 辣椒贴在身上（身
上火辣辣地难受）

संभलना（不及）当心，小心
हिमायती（阳）袒护者，
支持者
जमाना（及）集中，召集
चढ़ाई（阴）进攻
पर---करना 进攻……，
攻击……
मिज़ाज（阳）本性；习性
दुरुस्त（形）正确的
का मिज़ाज---करना 教训
होशियार（形）小心的，
谨慎的
---होना 小心，谨慎
चित（形）仰卧的
---हो जाना 仰卧，仰面朝天
倒下
चांदी（阴）银子
चमकदार（形）闪闪发光的，
发亮的
खाल（阴）皮
मुँह में पानी भर आना 垂涎欲滴
बेदम（形）失去知觉的，
昏迷的
---होना 失去知觉，昏迷
बात की बात में 说话间，转眼间

धरना（及）放置　　फूट（阴）分裂

आपस में　相互间　　में---डालना　制造分裂

टिप्पाणियाँ

1. दो की लड़ाई में तीसरे का भला

这里 दो 意为“两者”，तीसरे 意为“第三者”，भला 后面可理解为省略了谓语 होता है。这句话的意思相当于汉语的“鹬蚌相争，渔人得利”。

2. ...एक ऊदबिलाव शिकार की तलाश में एक तालाब के किनारे किनारे टहल रहा था।

句中 एक तालाब के किनारे किनारे 意思是“沿着池边”。复合后置词重叠可表示动态。如：

उस के पीछे पीछे दो आदमी और चल रहे थे।

他走在前面，后面有两个人跟着他。

3. एक तो वह किनारे से काफ़ी दूर थी, दूसरे वह बहुत तेज़ गोता लगानेवाली मछलियों में से थी।

句中 एक तो..., दूसरे...意思是“一则……，再则……”或“一来……，二来……”。又如：

एक तो मेरे पास समय नहीं है, दूसरे मेरी इच्छा भी नहीं, इसलिये मैं नहीं जाऊँगा।

一来我没时间，二来我也不想去，所以我不去了。

4. जब बहुत देर तक ताक-झांक करने पर भी कुछ नतीजा न निकला।

不定式+पर भी 表示让步关系，有"虽然……但……"的意思。例如：

बार बार मांगने पर भी उसने मेरी बात नहीं मानी।
虽然我一再要求，他还是没有答应我。
बहुत पूछने पर भी यह बात मेरी समझ में न आई।
问了很多人，我还是不懂。

5. जहाँ हाथ नहीं चलते, वहां ज़बान चलती है।

这里 चलना 意为"使用""通用""行得通"。这句话的意思是"动手不行，可以动口"。

6. तो फिर वह लाल मछली जो है, अभी अपनी सहेलियों से कह रही थी कि...

关系代词 जो 用作表语，是口语中使用的一种形式，主句中的相关词是 वह，可以省略。例如：

आप का भाई जो है (वह) कहां काम करता है?
您的兄弟在哪儿工作？

7. उस ने तुम्हारे बार में ऐसी-ऐसी गालियां बकी हैं कि...

句中 ऐसी 重叠表示"众多"。

印地语许多性质形容词叠用也表示"众多"。如：

| बड़ी-बड़ी इमारतें | 许多高大建筑 |
| चौड़ी-चौड़ी सड़कें | 许多宽阔的街道 |

8. **कहने लगी कि कलमुंही किसी ऊँचे घराने की थोड़ी ही है।**

  句中 थोड़ी 的意思相当于 नहीं。थोड़ा ही 相当于 बिल्कुल नहीं。थोड़ा 的性数可与主语一致，也可以不与主语一致，而均用 थोड़े(ही)。थोड़ा 的这种用法多见于口语中。例如：

  वह मेरा भाई थोड़े है।　　他不是我的兄弟。
  हम वहाँ थोड़े ही गये हैं।　　我们根本没去过那里。

9. **उसी कमीनी के पास से आ रहे हो न?**

  否定语气词 न 用于叙述句的句尾，表示疑问。口语中需用升调。例如：

  "तो तुम चलोगे न？" "ज़रूर।"
  "那你去吗？" "当然。"

10. **अजी, तुम्हारे बारे में उस ने जो बातें कही हैं कि हे भगवान।**

  句中 जो बातें कही हैं 后面省略了主句 वह ऐसी हैं，后面的 कि हे भगवान 是主句的程度状语从句。这句话完整的说法是：

  तुम्हारे बारे में उस ने जो बातें कही हैं वह ऐसी हैं कि हे भगवान क्या बताऊं।

11. **कुछ सुनाओ तो सही, क्या क्या कहा है उस डायन ने?**

  句中 तो सही 用于祈使句的句尾，表示恳求，有"至少""起码"的意思。例如：

  आप मेरे साथ वहा चलिये तो सही।
  您总该陪我去一趟嘛。

12. ऊदबिलाव ने खूब नमक मिर्च लगाकर हरी मछली ने जो जो कहा था वह सब सुना दिया।

   句中 जो 重叠使用也表示"众多"。

   जो जो 虽表示"众多",但单独使用（无被修饰语）时,用阳性单数形式。

13. मैं अभी उस का और उस के हिमायतियों का मिज़ाज दुरुस्त किये देती हूँ।

   过去分词（固定用阳性复数）与 देना 连用,表示"坚决""迅速"的语气。例如：

   ज़रा ठहरो, मैं अभी दिये देता हूँ।
   等一下,我马上给你。
   मैं कहे देता हूँ कि ऐसी बात मत किया करो।
   我可告诉你,以后不要再说这种话。

14. लो, अब होशियार हो जाओ।

   句中 लो 已失去其本意,在口语中用作表示"提醒""警告"等语气的感叹词。

15. जब लड़ते-लड़ते वे चित हो जातीं तो उन के पेट की सफ़ेद-सफ़ेद चांदी की तरह चमकदार खाल देखकर ऊदबिलाव के मुंह में पानी भर आता।

   句中 हो जाती 和 भर आता 都是过去经常时省略了 होना,完整的说法应是 चित हो जाती थीं 和 भर आता था。（参阅第四课注释 6）

16. ...और पानी के ऊपर तैरती हुई किनारे से आ लगीं।

（1）आ 是完成分词省略了 कर。

（2）किनारे से लगना 意为“靠岸”。

17. -दार（波，印）

后缀，将名词变为形容词。如：

शान+ दार	→	शानदार	仪表堂皇的
चमक + दार	→	चमकदार	闪闪发光的
समझ + दार	→	समझदार	聪明的

व्याकरण

1. 过去分词与 करना 连用

过去分词（固定用阳性单数）与 करना 连用，作谓语，表示“经常”“习惯”的动作。

वह यहां आया करता है।

他常来这里。

वे लोग सुबह कसरत किया करते हैं।

他们早晨经常锻炼身体。

यह तो हुआ करता है।

这是常有的事。

注意：当 जाना 的过去分词与 करना 连用时，不能用 गया，而用 जाया，这里是特殊用法。例如：

वह लड़की अक्सर पुस्तकालय जाया करती थी।

那个女孩过去常去图书馆。

2. ज्यों ही 引导的时间状语从句

由 ज्यों ही 引导的时间状语从句表示从句的动作与主句的动作在时间上前后紧接。一般从句在前，主句在后。主句中有相关词 त्यों ही 可以省略。

ज्यों ही---, त्यों ही---的意思相当于汉语的"一……就……"。例如：

ज्यों ही घंटी बजी,(त्यों ही) विद्यार्थी पढ़ने लगे।

铃声一响，学生们就开始学习了。

ज्यों ही वह आया, (त्यों ही) सब लोग चुप हो गए।

他一来，大家就不作声了。

ज्यों ही---,त्यों ही---,也可以用 जैसे ही---,वैसे ही---,意义和用法相同。例如：

जैसे ही समय मिला, (वैसे ही) मैं घर आ गया।

我一有空马上就回家来了。

3. 疑问代词叠用

疑问代词 क्या, कौन, कहां 等重叠使用，表示"众多"。例如：

आप क्या क्या कह रहे थे? मुझे कुछ भी सुनाई नहीं दिया।

您刚才在说些什么？我一点也没听见。

सभा में कौन-कौन गए थे?

参加会的都是哪些人？

आप कहाँ कहाँ घुम आये？

您转了哪些地方？

注意：क्या क्या 作为过去时的宾语时，用作阳性单数，意义不变。如：

शांघाई में आप ने क्या क्या देखा？

在上海您都去了哪儿？

कहावतें

गया समय हाथ नहीं आता।

（时光一去不复返。）

जैसा बोवोगे वैसा काटोगे।

（种瓜得瓜，种豆得豆。）

अभ्यास

1. उच्चारण कीजिये।

शब्द

ऊदबिलाव	खूबसूरत	शानदार	उल्टा	पलटना	संभालना
दूभर	ठिठकना	बेवकूफ़	गुस्सा	भौंड़ा	स्वभाव
उजड्ड	झुकाना	मिर्च	चढ़ाई	दुरुस्त	होशियार

वाक्यांश

लहरों को काटती हुई	मन ही मन	बड़े मज़े से
भगवान करे	और भी कठिन	बात की बात में

छठा पाठ दो की लड़ाई में तीसरे का भला

2. निम्मलिखित वाक्यों को ऊंची आवाज़ से पढ़िये और उन्हें रटने की कोशिश कीजिये:

(1) एक तो वह किनारे से काफ़ी दूर थी, दूसरे वह बहुत तेज़ गोता लगानेवाली मछलियों में से थी।

(2) अगर कोई सोने को पीतल बताए और अच्छे को बुरा तो कैसा लगेगा।

(3) ज़रा इस खेल-कूद को बन्द करके मेरी एक बात तो सुन लो।

(4) उस ने तुम्हारे बारे में ऐसी-ऐसी गालियाँ बकी हैं कि मेरा तो दिल हिल गया।

(5) न बात करने का ढंग और न तैरने की तमीज़।

(6) अजी, तुम्हारे बारे में उस ने जो बातें कही हैं कि हे भगवान।

(7) लाल मछली का तो यह हाल हुआ कि मानों उस के तन-बदन में मिर्चें लग गईं।

(8) सच है, दो में फूट डालकर इसी तरह तीसरा अपना भला किया करता है।

3. नीचे दिये गए वाक्यों के अर्थ स्पष्ट कीजिये:

(1) इस मछली का हाथ आना तो और भी कठीन था।

(2) जहां हाथ नहीं चलते, वहां ज़बान चलती है।

(3) वह हरी मछली ताल की और मछलियों से तुम्हारे बारे में क्या कह रही है, कुछ उस की भी ख़बर है?

(4) पर क्या करूँ, कुछ बस नहीं चलता।

(5) कोई एक बात कही हो तो बताऊँ।

(6) ख़बर नहीं, कहां की रहनेवाली है।

(7) ज्यों ही उस ने ऊदबिलाव को देखा, चीख़कर कहने लगी---" उसी कमीनी के पास से आ रहे हो न? "

（8）ऊदबिलाव ने बात की बात में उन्हें अपने पेट में धर लिया।

4. निम्नलिखित शब्दों या मुहावरों से वाक्य बनाइयेः

（1）बड़े मज़े से　　　　（7）जी चाहना

（2）हाथ आना　　　　（8）बस चलना

（3）और भी　　　　　（9）आपे से बाहर होना

（4）मन ही मन　　　　（10）रवाना होना

（5）अपने आप　　　　（11）बाट जोहना

（6）ख़बर होना　　　　（12）बात की बात में

5. निम्नलिखित वाक्यों का विश्लेषण कीजिये और उन का चीनी में अनुवाद कीजियेः

（1）अचानक उस ने देखा कि दूर से लहरों को काटती हुई हरे रंग की एक बहुत ही ख़ूबसूरत मछली उधर आ रही है।

（2）जब बहुत देर तक ताक-झांक करने पर भी कुछ नतीजा न निकला तो मन ही मन वह अपने आप को कहने लगा---" सुनो भाई ऊदबिलाव, बड़े-बूढ़ों ने कहा है कि जहाँ हाथ नहीं चलते, वहाँ ज़बान चलती है।"

（3）यह सोचकर वह उल्टे पांव पीछे को पलटा और जहाँ वह हरी मछली तैर रही थी, उस किनारे के पास जाकर कहने लगा---" ख़ूबसूरती की देवी, मुझे आप से कुछ कहना है।"

（4）ऊदबिलाव कहने लगा---" तुम्हारी प्यारी प्यारी सलोनी सूरत और नेक स्वभाव से कुछ ऐसा प्रेम हो गया है कि अगर कोई तुम्हारे बारे में कुछ बेजा बात कहता है तो जी चाहता है कि उस की ज़बान खींच लूँ।"

6. नीचे दिये वाक्यों को पूरा कीजिये:

(क)

(1) ज्यों ही मैं सोकर उठा, _____

(2) ज्यों ही मुझे उस का पत्र मिला, _____

(3) जैसे ही अध्यापक जी आये, _____

(4) जैसे ही क्लास ख़त्म हुआ, _____

(ख)

(1) आप के पिता जी जो हैं _____

(2) अंग्रेज़ी पढ़नेवाली आप की बहन जो है _____

(3) आप से उस ने जो जो बातें कही हैं _____

(4) वहां आप ने जो जो देखा _____

7. निम्नलिखित शब्द-समूहों का अर्थ हिन्दी में बताइये:

德才兼备的学生   印度各邦历史与文化

对诗歌有兴趣   最贫困的地区

便于相互理解   在世界上居重要地位

使用印地语的地方   据官方消息

8. चीनी वाक्यों का हिन्दी में अनुवाद कीजिये।

(1) 一天，我们正在兴致勃勃地聊天，突然有人来告诉我老师叫我去。

(2) 我有件重要的事情要告诉你。

(3) 我费了很大劲还是没有准时回到学校。

(4) 你听说古普塔先生什么时候回来吗？

(5) 真想跟你一起去，可你知道，我现在没有时间啊。

（6）他左思右想也没想出个好办法。

（7）他一回到宿舍就开始复习功课。

（8）他这些天睡得很晚，一来快要考试了，再说他平时学习就很努力。

（9）"鹬蚌相争，渔人得利"的故事你大概早已听说过吧。

（10）希望您以后常来。

（11）您要是会用印地语写信就更好了。

（12）这个问题比你刚才问的那个问题更容易回答了。

（13）这种事过去是常常发生的，现在很少了。

（14）您去南方旅游都到了哪些地方？看了些什么？

（15）昨天星期天，我哪儿也没去，坐在屋里读了一天小说。

（16）您说得太快了，我们不明白您在说什么。

（17）这篇课文没有上一课难。

（18）你把这封信交给他马上回来。

（19）我说印地语不如你说的好。

（20）尽力而为吧。

9. निम्नलिखित शब्दों का एक एक पर्यायवाची लिखिये:

भला   खूबसूरत   बेशक   गुस्सा   मन   पीटना   हाल   तन-बदन

10. प्रश्न के उत्तर दीजिये:

（1）ऊदबिलाव कहां टहल रहा था और किस लिये?

（2）टहलते हुए उस ने क्या देखा?

（3）हरी मछली को पकड़ना उसके लिए क्यों कठिन था?

（4）लाल मछली क्या कर रही थी?

(5) जब बहुत देर तक ताक-झांक करने पर भी कुछ न मिला तो ऊदबिलाव ने क्या सोचा?

(6) इस के बाद ऊदबिलाव कहां गया और क्या किया?

(7) हरी मछली ऊदबिलाव से मिलकर ख़ुशी से क्यों फूली न समाई?

(8) ऊदबिलाव ने क्या कहकर हरी मछली को भड़काया?

(9) फिर वह कहां गया और क्या किया?

(10) लाल मछली ने आगबबूला होकर क्या कहा?

(11) लाल मछली की बातें सुनकर ऊदबिलाव ने हरी मछली को भड़काने के लिये क्या-क्या कहा?

(12) फिर लाल मछली के पास आकर उस ने क्या किया?

(13) लाल मछली और हरी मछली दोनों में लड़ाई कैसे हुई?

(14) लड़ाई का क्या नतीजा निकला और अंत में क्या हुआ?

(15) इस कहानी को पढ़कर आप को क्या शिक्षा मिला?

11. इस पाठ का सारांश सुनाइये।

12. " दो की लड़ाई में तीसरे का भला " शीर्षक पर एक छोटी-सी कहानी लिखिये, जिस की शब्दसंख्या दो सौ से कम न हो।

13. इस पाठ के आधार पर तीन विद्यार्थी एक नाटक खेलें।

सातवां पाठ

मुक्त कैदी

"एक बिछकुट हमको भी दोगी?" ... गरिमा की दिनताभरी मांग कमरे से सुन रहा हूँ। मन ही मन समझ रहा हूँ, पड़ोस की किसी बच्ची के हाथ में बिस्कुट देख लिया होगा और उसे पाने का लोभ मांगने के लिए विवश कर रहा होगा। मन होता है, उठूं और जाकर एक ज़ोरदार तमाचा जमा आऊँ, लेकिन फिर सोचता हूँ, इसमें उस अबोध बच्ची का क्या दोष है? यह तो बिस्कुट-चाकलेट खाने की उम्र ही है। दोष है तो शायद मेरी परिस्थिति का, जो उस के लिए इन चीज़ों का प्रबंध नहीं कर पा रहा हूँ।

तभी लगता है...यह सब ठीक नहीं हुआ। एक...दो...तीन...चार...पांच और छ: बच्चे...पुत्र की आशा में पुत्रियों की शृंखला...क्या बिना पुत्र के काम नहीं चल सकता था?

कल अर्चना स्कूल ड्रेस फाड़कर आयी। देखते ही मेरा पारा सातवें आसमान पर चढ़ गया। कहां से लाऊंगा रोज़-रोज़ नयी स्कूल ड्रेस। किरानी की नौकरी और इतना खर्च। मालिनी पिछले महीने से किसी किताब के लिए रो रही है। रमा तीन दिनों से बीमार है। मैं पिछले दो वर्षों से एक ही पैंट और शर्ट के साथ काम चला रहा हूँ। क्रोध के आवेग को रोक नहीं पाया और जाकर बच्ची को धुन दिया। सुमिता

सातवां पाठ मुक्त कैदी

बीच-बचाव करते-करते दो-एक थप्पड़ खा गयी। फुफकारती हुई बोली---" मार डालो, एक-एक कर सब को मार डालो। जब मारना ही था तो पैदा ही क्यों किया था? "

इतना ही नहीं, भावावेश में फुट-फुटकर रोने लगी---" हाय,मेरा तो भाग्य ही फूट गया।"

क्या हो गया है इस घर को? कहां खो गयी है इस घर की सुख-शांति? बच्ची उधर चीत्कार कर रही है, पत्नी इधर करुण स्वर में रो रही है। और मुझे लगता है जैसे हाई ब्लड प्रेशर का मरीज़ हो गया हूँ। क्रोध की उत्तेजना समाप्त होते ही करुणा पैदा हो गयी है---आखिर बच्ची ही तो है। ग़लती सब से होती है। जानकर तो कपड़ा फाड़ा नहीं होगा। अबोध बच्ची पर ऐसा अत्याचार।

शायद मैंने भूल की...भयंकर भूल। पुत्र और पुत्री का अंतर बेकार है, शायद जो भी ईश्वर ने दिया था, उसे सहर्ष स्वीकार करना चाहिए था। लेकिन दो से ज्यादा पैदा करने की भूल नहीं करनी चाहिए थी। ज्यादा सन्तान ही परेशानियों की जड़ है।

मुझे बार-बार पड़ोसी चौधरी जी की याद आ रही है। वे बड़े आराम से जी रहे हैं। उनकी दो बच्चियां सदा सजी-संवरी रहती हैं जैसे फूलों के गुलदस्ते। कभी उनके घर जाता हूँ तो वहां की शान्ति में लगता है जैसे किसी एकांत पहाड़ी जंगल में आ गया हूँ। मन को बड़ा सकून मिलता है।

दूसरी ओर मेरा घर है, जहां हरदम घोर संग्राम छिड़ा रहता है। छोटी–छोटी बातों को लेकर मारपीट होती रहती है। छीना-झपटी, मारपीट, शोरगुल...सारा वातावरण इस तरह अशांत रहता है, जैसे बग़ल से राजधानी एक्सप्रेस गुज़र रही हो। क्या मजाल कि क्षण भर के लिए भी आप शांति से किसी से बात कर सकें। आप बातचीत में तल्लीन हैं, किसी गम्भीर मसले पर विचार हो रहा है, तभी कोई बच्ची रोती हुई या चीत्कार करती हुई आएगी और कहेगी, " पापा, रम्भा ने मुझे धकेल दिया या अर्चना ने गेंद ले ली..."

ऐसे समय मन होता है कि या तो इन सब को गोली मार दूँ या स्वयं फांसी लगाकर मर जाऊं। हाय विधाता, पहले तुमने सुबुद्धि क्यों नहीं दी? एक दिन या दो दिन की बात हो तो सह भी लें, रोज़ रोज़ का यह खटराग फ़ौरन तो मारता नहीं, पर धीरे-धीरे जीवनी शक्ति को सोखता चला जाता है।

बार-बार वही एहसास ज़ोर मारता है---शायद मैंने ठीक नहीं किया, ऐसी ग़लती की जो ज़िन्दगी भर चैन नहीं लेने देगी।

इनके लालन-पालन और विवाह की चिंता अलग ही जान खाती है। पढ़ाई-लिखाई तो ठीक से हो नहीं पा रही, विवाह कैसे होगा? ज्यादा सोचता हूँ तो सिर फटने लगता है। तिलक-दहेज का यह युग---छै छै लड़कियाँ और किरानी की नौकरी।

लेकिन अब तो बहुत देर हो चुकी है---बहुत देर। पछतावा और परेशानी के सिवा हाथ कुछ आने वाला नहीं। शायद अब शांति नहीं मिलेगी, जब भी मिलेगी चिरशांति ही।

कभी-कभी एक बार की गयी गलती की सज़ा जीवन भर भुगतनी पड़ती है---अब वही सज़ा भोगनी है---उन्मुक्त कैदी की तरह। न छोड़कर जा सकता हूँ और न चैन से जी सकता हूँ।

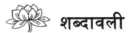

शब्दावली

मुक्त（形）自由的，解放的

कैदी（阳）囚犯

बिछकुट　बिस्कुट 的别字

गरिमा　人名

दीनताभरा（形）可怜的

पड़ोस（阳）邻居，邻近

बिस्कुट（阳）饼干

लोभ（阳）贪心，贪欲

विवश（形）被迫的，迫不得已的

के लिये---करना 逼迫……做……，迫使做……

मन（阳）心

--- होना 心想，想要

ज़ोरदार（形）强有力的

तमाचा（阳）巴掌，耳光

---जमाना 打耳光

अबोध（形）无知的，不懂事的

दोष（阳）错误，过错，缺点

चाकलेट（阳）巧克力

परिस्थिति（阴）情况；条件；环境

प्रबन्ध（阳）安排，筹办

का---करना 安排，筹办

तभी（副）正因如此，正在此时

पुत्र（阳）儿子

पुत्री（阴）女儿

शृंखला（阴）一连串

अर्चना 人名

ड्रेस（阴）（英）衣服

स्कूलड्रेस（阴）校服

फाड़ना（及）撕，撕破

पारा（阳）水银

---चढ़ना 发怒，生气

सातवां（数）第七

पारा सातवें आसमान पर चढ़ना 非常生气，怒不可遏

किरानी（阳）小职员，文书

नौकरी（阴）职务，文职

ख़र्च（阳）花费，开销

रमा 人名

मालिनी 人名

शर्ट（阴）衬衫

पैंट（阳）西装裤

धुनना（及）痛打（本意为弹棉花）

आवेग（阳）（感情）冲动，（怒气）发作

सुमिता 人名

बीच-बचाव（阳）（从中）调停

---करना 调停，劝解

दो-एक（数）两三个，几个

थप्पड़（阳）耳光

---खाना 挨耳光

फुफकारना（不及）（发怒时）吐粗气

मार डालना（及）打死

पैदा（形）出生的，产生的

---करना 生

भावावेश（阳）感情冲动，激动

फूटना（不及）爆发；发泄（感情）；破裂

फूट-फूटकर रोना　大哭，痛苦
हाय（感）哎
भाग्य（阳）命运
---फूट जाना　倒霉，遭不幸
खोना（不及，及）失去，丢失
सुख-शांति（阴）幸福与安宁
चीत्कार（阳）喊叫
---करना　喊叫
करुण（形）悲哀的；有怜悯心的
हाई ब्लड प्रेशर（阳）（英）高血压
मरीज़（阳）病人
उत्तेजना（阴）刺激，激动
करुणा（阴）怜悯心，同情心
आख़िर（副）毕竟，究竟
भूल（阴）错误
---करना　犯错误
भयंकर（形）可怕的，巨大的
अंतर（阳）区别，区分
बेकार（形）无用的，无意义的
सहर्ष（副）愉快地
सन्तान（阳，阴）子女
जड़（阴）根，根源
पड़ोसी（阳）邻居，邻人
चौधरी（阳）村长，对长者的
　　　　　一种尊称

याद（阴）记忆
की---आना　想起
सजना-संवरना（不及）打扮
गुलदस्ता（阳）花束
एकान्त（形）无人的
सदा（副）经常，始终
जीना（不及）生活，活
पहाड़ी（形）山的
सकून（阳）心安，心静
हरदम（副）时刻，每时每刻
घोर（形）严酷的，可怕的，
　　　　　巨大的
संग्राम（阳）战斗，斗争
छिड़ना（不及）被挑起
मारपीट（阴）殴打，斗殴
छीनाझपटी（阴）争夺，抢夺
शोरगुल（阳）叫喊声
अशान्त（形）不安静的，
　　　　　不平静的
बग़ल（阴）旁边，腋下
एक्सप्रेस（阴）（英）特别快车
मज़ाल（阴）能力，力量
तल्लीन（形）专心的
में---होना　专心于
मसला（阳）问题

सातवां पाठ मुक्त कैदी

पापा 爸爸
रम्भा 人名
धकेलना (及) 推
गेंद (阴) 球
गोली (阴) 子弹, 枪弹
---मार देना 打死, 枪毙
फांसी (阴) 绞索
---लगाना 套上绞索, 绞死
विधाता (阴) 造物主, 上帝
सुबुद्धि (阴) 智慧, 心计
सहना (及) 忍, 忍耐
खटराग (阳) 争吵, 争执
जीवनी (形) 生命的, 生活的
सोखना (及) 吸干
एहसास (阳) 体会, 感觉
ज़ोर (阳) 力量
---मारना 起作用, 施加影响
चैन (阳) 安逸, 舒适, 安静
---लेना 安心, 放心

लालन-पालन (阳) 抚养
विवाह (阳) 结婚
अलग (形) 特殊的, 不一般的
---ही 格外的
जान (阴) 生命
---खाना 要命, 伤脑筋
पढ़ाई-लिखाई (阴) 教育, 学习
फटना (不及) 撕裂, 破裂
तिलक (阳) 订婚时女方给
　　　　男方的钱财
दहेज (阳) 嫁妆, 陪嫁物
युग (阳) 时代, 年代
पछतावा (阳) 后悔
चिरशान्ति (阴) 长眠, 逝世
जीवन भर 一生, 一辈子
भुगतना (及) 遭受
भोगना (及) 遭受, 享受
उन्मुक्त (形) 开着的, 自由的,
　　　　未被束缚的

टिप्पणियाँ

1. **मन होता है, उठूं और जाकर एक ज़ोरदार तमाचा जमा आऊं, ...**

   (1) मन होता है 前面省略了 मेरा, 意为"我想"。

   (2) मन होता है 后面的逗号代替了引导词 कि。

(3) जमा 后面省略了完成分词的 कर。这句话的意思是"真想起来过去狠狠给她一巴掌"。

आना 前面的过去分词往往省略 कर。有"做完……之后还要回来"的意思。如：

तुम ज़रा जाकर देख आओ कि वहां क्या हो रहा है।
你去看一下那儿发生了什么事。
ज़रा बाहर हो आऊं?
我到外面去一下好吗？

2. दोष है तो शायद मेरी परिस्थिति का, जो उस के लिये इन चीज़ों का प्रबंध नहीं कर पा रहा हूँ।

（1）这是个条件句，前面省略了 अगर。परिस्थिति का 后面省略了 दोष है。这句话的意思是"如果说错误的话，那应该归咎于我的处境"。

（2）句中 जो 引导的是结果状语从句，其作用相当于 जिस से。这是 जो 的一种特殊用法。又如：

मुझ से कौन-सी ग़लती हुई जो तुम ने मुझे ऐसी सज़ा दी।
我犯了什么错误，你这样处罚我。

3. मार डालो, एक-एक कर सब को मार डालो।...

句中 एक-एक कर 是 एक-एक करके 的省略，这是个习语，意思是"一个一个地""逐个地"。又如：

एक एक कर(के)सब लड़के अन्दर जाओ।
孩子们，你们一个个地进去。

4. इतना ही नहीं, भावावेश में फूट-फूटकर रोने लगी ...

इतना ही नहीं 意思是 "不仅这些" "不仅如此"。后面可理解为省略了 बल्कि。

5. क्या हो गया है इस घर को?

句中 क्या हो गया है 意思是 "成了什么样子" "发生了什么事" "怎么了"，其逻辑主语必须加 को。又如：

आप को क्या हुआ? इतने उदास क्यों हैं?
您怎么了？为什么这么不高兴？

6. शायद जो भी ईश्वर ने दिया था, उसे सहर्ष स्वीकार करना चाहिये था।

关系代词 जो 加语气词 भी 意思是 "无论什么"，主句中相关词为 वह（带后形式）。如：

आप जो भी कहते हैं उसे वह ठीक मानता है।
您无论说什么他都认为是正确的。
जो भी आदमी आए उसे यहां से भगा दो।
无论来了什么人都把他赶走。

7. छोटी-छोटी बातों को लेकर मारपीट होती रहती है।

句中 ...को लेकर 意思是 "以……为题"，或 "由于……"。

इस समस्या को लेकर झगड़ा मत करो।
不要为这个问题争吵。

8. क्या मजाल कि क्षण भर के लिये भी आप शान्ति से किसी से बात कर सकें।

句中 क्या मजाल 后面省略了 है（习惯上谓语动词 होना 均予省略），意思"哪能""哪敢"。从句用虚拟语气。例如：

लोगों की क्या मजाल कि उसे भला-बुरा कहें।
人们哪敢说他的不是。

9. ...पर धीरे धीरे जीवनी शक्ति को सोखता चला जाता है।

句中 सोखता चला जाता है 为现在分词与 जाना 连用的形式，表示动作或状态的继续。这里 जाना 用 चला जाना 代替，意思相同，但语气更为和缓。

10. पढ़ाई-लिखाई तो ठीक से हो नहीं पा रही, विवाह कैसे होगा?

否定词 नहीं 置于谓语动词的中间或后面，有加强语势的作用，相当于汉语的"根本不""绝不"等意思。试比较以下例句：

यह नहीं हो सकता।　　这不可能。
यह हो नहीं सकता।　　这绝不可能。

नहीं 置于谓语动词中间时，前面还可加 ही，成为 ही नहीं，加强语势的作用就更加明显了。

11. ...जब भी मिलेगी, चिरशान्ति ही।

（1）关系副词 जब 加语气词 भी 的意思是"无论何时"，主句中相关词 तब 省略，如：

आप जब भी चाहें आ सकते हैं।
您什么时候想来都可以来。

（2）चिरशान्ति ही 后面省略了 मिलेगी。

12. अ-(अन्-)（梵）

前缀。表示"不""没有""缺少"。例如：

अ	+	बोध	→	अबोध	无知的
अ	+	शान्त	→	अशान्त	不安静的
अन्	+	एक	→	अनेक	不止一个，许多

 व्याकरण

1. 进行时怀疑语气

进行时怀疑语气表示说话人认为所说的动作或状态是正在进行着的可能的动作或状态。

进行时怀疑语气的形式是陈述语气的 होना 变为将来时。

以 आना 为例示其形式如下：

मैं	आ रहा हूंगा	आ रही हूंगी
तू, यह, वह	आ रहा होगा	आ रहा होगी
हम, आप, वे, ये	आ रहे होंगे	आ रही होंगी
तुम	आ रहे होगे	आ रही होगी

进行时怀疑语气所表示的动作或状态可以是现在正在进行着的也可以是过去正在进行着的动作或状态。例如：

घबराओ नहीं, वह आ रहा होगा।

别着急，他也许正在路上。

अब वहां शायद सभा हो रही होगी।

现在那儿可能正在开会。

इस समय वे लोग घर पहुंच रहे होंगे।

这会儿他们快到家了吧。

कल जब तुम उस से मिलने गए, तब वह शायद पुस्तकालय में पढ़ रही होगी।

昨天你去找她的时候，她可能在图书馆学习呢。

用怀疑语气的句子，常用 **शायद**，**संभवत:** 等表示“也许”“可能”“大概”等，如上面第 2 和第 4 例句。但有时也用 **ज़रूर**，**अवश्य**，**निश्चय ही** 等表示“一定”“肯定”等，虽然仍用怀疑语气。例如：

जल्दी चलो, वे लोग हमारा इन्तज़ार कर रहे होंगे।

快走吧，他们一定在等咱们呢。

2. चाहिये था 的用法

不定式与 **चाहिये** 连用，表示“应该……”，而不定式与 **चाहिये था** 连用，则表示“本应该”而实际没有做到的事。例如：

हम को वहां जाना चाहिये था।

我们本应该去那儿。（实际上未去）

आप को यह काम करना चाहिये था।

这件事你本应该做。（实际上未做）

不定式与 **चाहिये** 连用时，不定式的性、数随不定式的主语或宾语变，而不定式与 **चाहिये था** 连用时，**था** 的性、数则相应随不定式变。例如：

आप को यह बात नहीं कहनी चाहिये थी।
您根本不该说这种话。

3. 复合动词 डालना

复合动词 डालना，与主要动词的词根连用，使主要动词的动作具有"迅猛""彻底"等意义。

复合动词 डालना 只与及物动词连用，且多用于过去时态。例如：

आधे घंटे के भीतर मैं ने पूरा काम कर डाला।
半个小时之内我把全部工作做完了。
उस ने एक ही सांस में आप की चिट्ठी पढ़ डाली।
他一口气把您的信读完了。
उस ने सारी चीज़ें खा डालीं।
他把所有的东西都吃光了。

कहावतें

जो हुआ सो हुआ।
（过去的事就算了，既往不咎。）
जितने मुंह उतनी बातें।
（人多嘴杂，众说纷纭。）

 **अभ्यास**

1. उच्चारण कीजिये:

शब्द

मुक्त	दीनताभरा	बिस्कुट	अबोध	चाकलेट	परिस्थिति
शृंखला	पैंट	शर्ट	थप्पड़	भाग्य	चीत्कार
करुणा	उत्तेजना	छीनाझपटी	एक्सप्रेस	तल्लीन	
विधाता	सुबुद्धि	चैन	भुगतना	उन्मुक्त	

वाक्यांश

देखते ही	एक ही	एक एक कर	इतना ही नहीं
ज़िन्दगी भर	अलग ही	जीवन भर	क्षण भर के लिये

2. निम्नलिखित वाक्यों को ऊंची आवाज़ से पढ़िये और इंटोनेशन पर ध्यान दीजिये:

(1) इस में इस अबोध बच्ची का क्या दोष है?

(2) हाय, मेरा तो भाग्य ही फूट गया।

(3) आख़िर बच्ची ही तो है।

(4) क्या मजाल कि क्षण भर के लिये भी आप शान्ति से किसी से बात कर सकें।

(5) पढ़ाई-लिखाई तो ठीक से हो नहीं पा रही, विवाह कैसे होगा?

(6) शायद अब शान्ति नहीं मिलेगी, तब भी मिलेगी चिरशान्ति ही।

3. निम्नलिखित वाक्यों का अर्थ स्पष्ट कीजिये:

(1) क्या बिना पुत्र के काम नहीं चल सकता था?

सातवां पाठ   मुक्त कैदी

(2) देखते ही मेरा पारा सातवें आसमान पर चढ़ गया।
(3) किरानी की नौकरी और इतना ख़र्च।
(4) ग़लती सब से होती है।
(5) ज़्यादा सन्तान ही परेशानियों की जड़ है।
(6) पछतावा और परेशानी के सिवा हाथ कुछ आनेवाला नहीं।

4. निम्नलिखित वाक्यों को पूरा कीजिये:

(1) आप को जो भी किताब चाहिये _____
(2) जो भी कपड़ा वह पसन्द करता है _____
(3) आप जो भी सलाह देना चाहते हैं _____
(4) जब भी मैं उस को देखता हूँ _____
(5) वह जब भी यहां आता था _____
(6) जब भी हम रास्ते में मिलते हैं _____

5. नीचे दिये बाईं ओर के विशेषणों के लिये दाईं ओर की संज्ञाओं में से एक चुनिये जो उचित हो:

दर्शनीय   बस्ती
प्रसिद्ध   दृश्य
ऐतिहासिक   भवन
नवनिर्मित   आदमी
मोटा-ताज़ा   लेखक

6. निम्नलिखित शब्द-समूहों का हिन्दी में अर्थ बताइये:

保持沉默   等待时机
讥笑   感到好笑

惶恐不安	耍新花样
难为情	乐不可支

7. निम्नलिखित को अपने वाक्यों में प्रयुक्त कीजिये :

（1）विवश करना　　　　（5）फूट फूट कर रोना

（2）मन होना　　　　　（6）याद आना

（3）प्रबन्ध करना　　　　（7）एक एक करके

（4）दो-एक　　　　　　（8）इतना ही नहीं

8. नीचे दिये गए वाक्यों को पहले विश्लेषण कीजिये, फिर इन का चीनी में अनुवाद कीजिये।

（1）मन ही मन समझ रहा हूं, पड़ोस की किसी बच्ची के हाथ में बिस्कुट देख लिया होगा और उसे पाने का लोभ मांगने के लिये विवश कर रहा होगा।

（2）जानकर तो कपड़ा फाड़ा नहीं होगा। अबोध बच्ची पर ऐसा अत्याचार।

（3）पुत्र और पुत्री का अन्तर बेकार है, शायद जो भी ईश्वर ने दिया था, उसे सहर्ष स्वीकार करना चाहिये था।

（4）कभी उन के घर जाता हूं तो वहां की शान्ति में लगता है जैसे किसी एकान्त पहाड़ी जंगल में आ गया हूं। मन को बड़ा सकून मिलता है।

（5）छीना-झपटी, मारपीट, शोरगुल—सारा वातावरण इस तरह अशान्त रहता है, जैसे बग़ल से राजधानी एक्सप्रेस गुज़र रही हो।

（6）एक दिन या दो दिन की बात हो तो सह भी ले, रोज़ रोज़ का यह खटराग फ़ौरन तो मारता नहीं, पर धीरे धीरे जीवनी शक्ति को सोखता चला जाता है।

9. **चीनी वाक्यों का हिन्दी में अनुवाद कीजिये:**

（1）他要是愿意就让他去吧，不要勉强。

（2）把我说的这些话一句句地翻成印地文。

（3）我想起一件事，昨天忘了告诉你。

（4）——已经 11 点钟了，他现在大概快到家了吧？

——是啊，也许已经到家了，正在吃饭呢。

（5）大家不管有什么问题都可以问，我知道多少说多少。

（6）这孩子太能吵了，一会儿也不让人安静。

（7）——你还记得红色鱼和绿色鱼的故事吗？

——当然记得，不仅记得，我还能讲给你听呢。

（8）这封信我本应该昨天发的。

（9）正因为他很纯朴，所以同学们都喜欢他。

（10）明天有外宾来参观咱们学校，咱们得安排一下。

（11）看到你们跳舞跳得这么高兴，我也真想和你们一起跳，可是我病了。有什么办法呢？

（12）等你病好了，你想什么时候跳舞都可以。

（13）她说过两点钟到这儿，现在大概在路上呢。

（14）我很了解你，你说什么我都相信。

（15）如果两三个小时的话，我可以陪你去；去一天我就困难了。

（16）不要着急，想一下再回答我。

（17）没有空气，人们是无法生存的。

（18）快点走，女同学们也许在等着我们呢。

（19）他不该不辞而别。

（20）随着生产(उत्पादन)不断发展，我们的生活越来越好。

10. प्रश्नों के उत्तर दीजिये :

(1) गरिमा की आवाज़ सुनकर लेखक क्या करना चाहता था? फिर क्या सोचकर उसने अपने को रोक लिया?

(2) पुत्र की आशा में लेखक ने क्या किया?

(3) क्या देखकर लेखक का पारा सातवें आसमान पर चढ़ गया?

(4) क्या सोचकर उस ने अपनी बच्ची को धुन दिया?

(5) इस पर बच्ची की मां सुमिता ने क्या किया?

(6) लेखक को ऐसा क्यों लगता था कि जैसे हाई ब्लड प्रेशर का मरीज़ हो गया है?

(7) क्या सोचकर लेखक की उत्तेजना समाप्त हो गई?

(8) लेखक के पड़ोसी चौधरी जी का जीवन कैसा था? उन के घर का कैसा वातावरण था?

(9) लेखक के घर का वातावरण बताइये।

(10) लेखक क्यों बार-बार सोचता था कि शायद उसने ठीक नहीं किया?

(11) "उन्मुक्त क़ैदी" का अर्थ क्या है?

(12) क्या आप लेखक के विचार से सहमत हैं? और क्यों?

11. नीचे बताये गये पैराग्राफ़ों को रटकर सुनाइये।

"मुझे बार-बार पड़ोसी चौधरी जी की याद आ रही है।...पर धीरे धीरे जीवनी शक्ति को सोखता चला जाता है।"

12. जन-संख्या पर नियंत्रण करने से देश और परिवार के लिये क्या क्या फ़ायदा हैं, इस विषय पर एक भाषण दीजिये।

आठवां पाठ

शांतिनिकेतन और श्रीनिकेतन

शांतिनिकेतन हमारे देश में एक तीर्थ के समान है। कविसम्राट रवीन्द्रनाथ ठाकुर के पिता महर्षि देवेन्द्रनाथ ने इस की स्थापना की थी। उस समय यह स्थान एक सुनसान मैदान और चोरों का अड्डा था। दिन के उजाले में यात्री लूटे जाते थे। इस स्थान को महर्षि ने साधना के लिए चुना। यहां एक छोटी-सी नदी बहती है। आश्रम में सुन्दर और सुगंधित फूल लगाए गए। फलदार वृक्षों को रोपा गया। वर्ष में कई-कई मास तक महर्षि यहां एकान्त साधना करते रहे। आप की सरलता का चोरों पर भी प्रभाव पड़ा। उन्होंने इस धन्धे को सदा के लिए छोड़ दिया और आप के चरणों में शरण ली। इस तरह यह स्थान एक सुन्दर तपोभूमि बन गया। सन् 1890 में यहां एक सुन्दर मंदिर बनाया गया। संगमरमर की वेदी भी बनाई गई।

कई वर्षों के बाद सन् 1901 में पिता की आज्ञा लेकर रवीन्द्रनाथ ने यहां ब्रह्मचर्य आश्रम खोला। आश्रम पांच विद्यार्थियों से शुरू किया गया। बाद में देश-विदेश के विद्यार्थियों की भरमार हो गई।

इस ऋषि-भूमि में दूसरे स्कूलों की तरह न तो विद्यार्थियों को पीटा जाता और न ही अध्यापकों का कोई शासन होता। विद्यार्थी और अध्यापक आपस में भाई-भाई की तरह रहते थे। आपस में एक मुखिया चुन लेते थे। यदि कोई भूल भी

करता तो आपस में ही विचार करके उसे दंड दे देते। प्रायः पेड़ों के नीचे ही पढ़ाई होती थी। यदि विद्यार्थी चाहते तो पेड़ों की डालियों पर भी बैठकर पढ़ते थे। परीक्षा के समय भी वे जिस स्थान पर चाहते, वहीं पर बैठकर लिखते थे। सब एक दूसरे पर विश्वास करते थे। विद्यार्थी खुशी से फूले न समाते थे। वे पढ़ाई और खेल-कूद में खूब मन लगाते थे।

पढ़ाई के बाद रात को सब इकट्ठे होते और कथा-कहानियां छिड़ जातीं। जब रवीन्द्रनाथ जी स्वयं होते, तब तो विद्यार्थियों की प्रस्न्नता के क्या कहने। यहां विद्यार्थी इतने प्रसन्न रहते कि घर जाने का नाम ही न लेते। एक बार एक विद्यार्थी रोगी हुआ। रोग बढ़ता गया। सबने राय दी---इस को कलकत्ता ले जाकर किसी बड़े डाक्टर को दिखाया जाये। लेकिन जब रोगी विद्यार्थी को पता लगा, तो वह ज़ोर-ज़ोर से चिल्लाने लगा---मैं कलकत्ता नहीं जाऊंगा, मैं यहीं रहूंगा। विवश होकर उसे वहीं रखा गया।

यहां केवल किताबी पढ़ाई ही नहीं होती है, लकड़ी से सामान बनाने का काम, लोहे का काम, गो-पालन, खेती-बाड़ी, रोगी-सेवा आदि सभी काम साथ-साथ ही सिखाए जाते हैं।

यहां जाति-पांत का कोई भेद न था। हिन्दू, मुसलमान, ईसाई सब एक साथ भोजन करते थे। भोजन कवि जी की पत्नी अपने हाथों से बनाती थीं। इस देवी ने अपने आभूषण तक बेचकर इस आश्रम को चलाया। एक वर्ष बाद उन का देहान्त हो गया।

इसी प्रकार कन्याओं का भी आश्रम खोला गया। इस का नाम है श्रीभवन। इस में कन्याओं को रसोई, सिलाई, संगीत, चित्रकला और मूर्तियां बनाना भी सिखाया जाता है।

आज शांतिनिकेतन एक विश्वविद्यालय बन गया है। फ़रवरी 1922 से इस का नाम "विश्वभारती" हो गया है।

अब श्रीनिकेतन की बात भी सुनिए। पिछड़ी ग्रामीण जातियों संथालों और

आठवां पाठ   शांतिनिकेतन और श्रीनिकेतन

डोमों के दुख रवीन्द्रनाथ से न देखे गये। उन में जीवन डालने के लिए यह संस्था खोली गई। शान्तिनिकेतन से दो मील दूर सुरुल गांव के किनारे सन् 1932 में "लील कुटी" नामक भवन और बहुत सी भूमि ख़रीदी गई। किसानों के बालकों को पढ़ाई-लिखाई द्वारा योग्य बनाना, बढ़िया बीजों द्वारा फ़सलों की उन्नति करना, सूखी और अन-उपजाऊ भूमि को उपजाऊ बनाना, फलदार पेड़ लगाना आदि काम उन्हें सिखाए जाते हैं। श्रीनिकेतन में एक विशाल खेत है जिस में इस प्रकार के प्रयोग करके किसानों को सिखाया जाता है। यही नहीं, ग्रामों में ऐसे डाक्टर रखे गए जो बिना धन लिये किसानों का इलाज करते, मलेरिया और मच्छरों से बचने के उपाय सिखाते। गांव-गांव में पंचायतें बनाई गईं और ग्रामीण आपस में चन्दा करके डाक्टर का वेतन और ग्रामीण उद्योग चालू करते। इस प्रकार श्री रवीन्द्रनाथ ने ग्राम्य जीवन में जान डाल दी।

शान्तिनिकेतन में आप का पचासवां जन्म-दिन बड़े समारोह से मनाया गया। "राजा" नामक नाटक खेला गया, जिस में आपने राजा का अभिनय किया।

जनवरी 1912 में कलकत्ता के टाउन-हाल में विशाल सभा हुई। लाखों लोगों के जनसमूह द्वारा आप का अभिनन्दन किया गया। सोने के थाल पर सोने के कमल और हाथीदांत पर खुदा एक मानपत्र दिया गया।

उन दिनों बंगाल के कोने-कोने में आप के गीतों की धूम मची हुई थी। बालक खेलते समय, स्त्रियां घरों में काम-काज करते समय, मज़दूर बोझा ढोते समय और नाविक नाव चलाते समय सब की वाणी पर आप के गीतों का जादू था।

 शब्दावली

श्रीनिकेतन (阳)(地名) 斯里尼克丹   देवेन्द्रनाथ 戴温德拉纳德
तीर्थ (阳) 圣地   सुनसान (形) 荒无人烟的
महर्षि (阳) 贤者；隐士   चोर (阳) 小偷

अड्डा（阳）聚集地；基地
उजाला（阳）光亮；光辉
लूटना（及）劫夺；偷窃
साधना（阴）修行
---करना　修行
आश्रम（阳）修道院，净修林
सुगंधित（形）芳香的
फूल（阳）花
---लगाना　种花
फलदार（形）结果实的
रोपना（及）栽种
मास（阳）月
सरलता（阴）纯朴；真挚
धंधा（阳）职业；行为
चरण（阳）脚
शरण（阴）庇护；庇护所
---लेना　投靠；避难
तपोभूमि（阴）修行的地方
1890　अठारह सौ नब्बे
वेदी（阴）祭台
1901　उन्नीस सौ एक
आज्ञा（阴）命令
की---लेना　接受命令，遵……之命
ब्रह्मचर्य（阳）（印度教）独身求学（人
　　　　　生四阶段之第一阶段）

---आश्रम　印度旧式学校
भरमार（阴）充满；大量
ऋषि（阳）修道士；隐居者
---भूमि　修道所；隐居地
मुखिया（阳）首领；头目
डाली（阴）树枝
मन（阳）心
में---लगाना　用心做……，
　　　　　对……用心
इकट्ठा（形）集合起来的，
　　　　　汇集起来的
कथा（阴）故事
रोगी（形）有病的，生病的
　　　（阳）病人
रोग（阳）病；病情
राय（阴）意见
---देना　提出意见；建议
पता（阳）消息；音信
---लगना　知道，得知
गो-पालन（阳）养牛
खेती-बाड़ी（阴）农活
रोगी-सेवा（阴）护理病人
जाति-पांत（阴）种姓
भेद（阳）区别；差别
मुसलमान（阳）伊斯兰教徒

ईसाई（阳）基督教徒
देवी（阴）女神；对妇女的尊称
देहान्त（阳）去世；逝世
कन्या（阴）女孩；姑娘
रसोई（阴）做熟的食物
---बनाना 炊食；做饭
सिलाई（阴）缝纫
चित्रकला（阴）绘画
फ़रवरी（阴）二月
1922 उन्नीस सौ बाईस
पिछड़ना（不及）落后
ग्रामीण（形）农村的
संथाल（阳）山塔尔族人
डोम（阳）多姆人（以火化尸体为业的种姓）
जीवन（阳）生存能力，活力
में---डालना 赋予……以生存能力
संस्था（阴）机构
सुरुल 村庄名
31（数） इकतीस
लील（形）蓝色的
कुटी（阴）茅舍；小屋
अन-उपजाऊ（形）贫瘠的
ग्राम（阳）村庄
मलेरिया（阳）疟疾
मच्छर（阴）蚊子
पंचायत（阴）长老会；五老会（印度农村组织）
चन्दा（阳）捐款
---करना 捐款
वेतन（阳）工资；薪金
उद्योग（阳）工业
चालू（形）进行着的；开动的
---करना 开办；兴办
ग्राम्य（形）ग्रामीण
पचासवां（数）第五十
जन्म-दिन（阳）生日
समारोह（阳）隆重；热闹
मनाना（及）庆祝
टाउन-हाल（阳）市政厅
जनसमूह（阳）人群；群众
अभिनन्दन（阳）祝贺
का---करना 祝贺
थाल（阳）盘子
कमल（阳）莲花
हाथीदाँत（阳）象牙
खुदना（不及）挖；雕
मानपत्र（阳）荣誉状

धूम（阴）喧嚷；谈论

---मचना 喧嚷；谈论

बोझा（阳）重物；大包

ढोना（及）背；驮

नाविक（阳）船夫；水手

वाणी（阴）舌头；话语；声音

जादू（阳）魔法；魔力；魅力

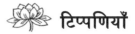

टिप्पणियाँ

1. आप की सरलता का चोरों पर भी प्रभाव पड़ा।

句中 आप 指前句中的 महर्षि。谈话中当着第三者的面或文章中提及第三者时，为表示尊敬，可用 आप 代替 वे。如：

यह प्रसाद जी हैं। आप दिल्ली विश्वविद्यालय के प्रोफ़ेसर हैं।

"...क्या कहने" 是一个习语，意思是"不用说了""别提了""好极了"。又如：

वहां उन का इतना स्वागत हुआ कि क्या कहने।

他在那里受到的欢迎就不用说了。

注："क्या कहने" 也可说 "क्या कहना"，意思相同。

2. यहां विद्यार्थी इतने प्रसन्न रहते कि घर जाने का नाम ही न लेते।

नाम न लेना 是个成语，意思是 "不谈" "不提起" "不想"。例如：

मैं आप से कहता हूं, मेरे सामने उस का कभी नाम न लीजियेगा।

我对您说，在我面前以后请不要提到他的名字。

उस ने मुझ से दस रुपये उधार लिये थे, पर वापस देने का नाम तक नहीं लेता।

他借了我十个卢比，可还钱的事连提都不提。

आठवां पाठ शांतिनिकेतन और श्रीनिकेतन

3. एक वर्ष बाद उन का देहान्त हो गया।

एक वर्ष बाद 意思是 एक वर्ष के बाद。के बाद, के पहले 等的 के 可省略。例如：

वह थोड़ी देर बाद आएगा।
他过一会儿来。
दो दिन पहले मैं ने उस को देखा था।
两天前我见过他。

4. पिछड़ी ग्रामीण जातियों संथालों और डोमों के दुख रवीन्द्रनाथ से न देखे गये।

（1）संथालों और डोमों 是 ग्रामीण जातियों 的同位语。

（2）…से न देखे जाना" 是个习语，意思是"×××看不下去"，"×××不忍心看下去"。又如：

ऐसी बातें हम से न देखी जाएंगी।
这种事我们是看不下去的。

5. यही नहीं, ग्रामों में ऐसे डाक्टर रखे गए…

句中 रखना 意为"聘请"。又如：

इस मामले के लिये आप को एक वकील रखना चाहिये।
这件事您应请一位律师。

रखना 还有"任用""雇用"的意思。例如：

उस ने घर के कामकाज के लिये एक नौकरानी रखी।
他雇了一位女佣人管家务。

6. गांव गांव में पंचायतें बनाई गईं...

句中 बनाना 意为"建立""成立"。

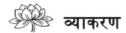 व्याकरण

1. भी 与谓语动词连用

在条件从句中，语气词 भी 与谓语动词连用，表示"即使……也……""就是……也……"的意思。例如：

मैं जाऊंगा भी, तो कई दिन बाद(जाऊंगा)।
我即使去也得过几天。
अगर वह यहां न भी आए, तो भी कोई हर्ज नहीं।
就是他不来，也没关系。

在这种句型中，主句常可用 तो भी。

2. 数词叠用和名词叠用

印地语数词叠用，表示所指事情的"个别性"，即"各个多少"。例如：

साल में हम दो बार घर जाते हैं, और घर में तीन-तीन हफ़्ते रहते हैं।
我们每年回家两次，每次住三个星期。
उस ने दस-दस रुपये के पांच नोट अपने दोस्त को दिये।
他给了他朋友五张十个卢比一张的钞票。

再试将下面两句话作一比较：

हम को एक कुर्सी चाहिये।　　　我们需要一张椅子。

आठवां पाठ　शांतिनिकेतन और श्रीनिकेतन

हम को एक-एक कुर्सी चाहिये।　　我们各需要一张椅子。

印地语名词重叠使用，表示该名词所指事物本身的"个别性"，即"各个、每个"。如：

रोज़ रोज़　　　　　　（天天，每天）
घर घर　　　　　　　（家家户户）
गांव गांव　　　　　　（每个村庄，村村）

名词叠用时，仍用作单数。例如：

ऐसी बात तो बच्चा बच्चा जानता है।
这种事连孩子们都懂得。

कहावतें

बूंद बूंद में तालाब भर जाता है।
（积沙成塔；集腋成裘。）

काम को काम सिखलाता है।
（工作教会工作；实践出真知。）

 **अभ्यास**

1. **उच्चारण कीजियेः**

तीर्थ	रवीन्द्रनाथ	महर्षि	अड्डा	आश्रम	वृक्ष
चरण	शरण	ब्रह्मचर्य	परीक्षा	इकट्ठा	छिड़ना
ग्रामीण	कुटी	बढ़िया	मच्छर	अभिनन्दन	वाणी

2. निम्नलिखित वाक्यों को ऊंची आवाज़ से पढ़िये और उन्हें रटने की कोशिश कीजिये:

(1) उन्होंने इस धंधे को सदा के लिये छोड़ दिया और आप के चरणों में शरण ली।

(2) कई वर्षों के बाद सन् 1902 में पिता की आज्ञा लेकर रवीन्द्रनाथ ने यहां ब्रह्मचर्य आश्रम खोला।

(3) यदि कोई भूल भी करता तो आपस में ही विचार करके उसे दंड दे देते।

(4) यहां विद्यार्थी इतने प्रसन्न रहते कि घर जाने का नाम ही न लेते।

(5) इस में कन्याओं को रसोई, सिलाई, संगीत, चित्रकला और मूर्तियां बनाना भी सिखाया जाता है।

(6) शान्तिनिकेतन में आप का पचासवां जन्म-दिन बड़े समारोह से मनाया गया।

3. निम्नलिखित वाक्यों का अर्थ स्पष्ट कीजिये:

(1) उस समय यह स्थान एक सुनसान मैदान और चोरों का अड्डा था।

(2) आश्रम पांच विद्यार्थियों से शुरू किया। बाद में देश-विदेश के विद्यार्थियों की भरमार हो गई।

(3) जब रवीन्द्रनाथ जी स्वयं होते, तब तो विद्यार्थियों की प्रसन्नता के क्या कहने।

(4) शान्तिनिकेतन से दो मील दूर, सुरुल गांव के किनारे सन् 1932 में लील कुटी नामक भवन और बहुत सी भूमि ख़रीदी गई।

(5) उन दिनों बंगाल के कोने-कोने में आप के गीतों की धूम मची हुई थी।

आठवां पाठ   शांतिनिकेतन और श्रीनिकेतन

4. निम्नलिखित वाक्यों का विश्लेषण कीजिये और उन का चीनी में अनुवाद कीजिये:

(1) इस ऋषि-भूमि में दूसरे स्कूलों की तरह न तो विद्यार्थियों को पीटा जाता और न ही अध्यापकों का कोई शासन होता।

(2) परीक्षा के समय भी वे जिस स्थान पर चाहते, वहीं पर बैठकर लिखते थे।

(3) किसानों के बालकों को पढ़ाई-लिखाई द्वारा योग्य बनाना, बढ़िया बीजों द्वारा फ़सलों की उन्नति करना, सूखी और अन-उपजाऊ भूमि को उपजाऊ बनाना, फलदार पेड़ लगाना आदि काम उन्हें सिखाये जाते हैं।

(4) यही नहीं, ग्रामों में ऐसे डाक्टर रखे गये जो बिना धन लिये किसानों का इलाज करते, मलेरिया और मच्छरों से बचने के उपाय सिखाते।

(5) बालक खेलते समय, स्त्रियां घरों में काम-काज करते समय, मज़दूर बोझा ढोते समय और नाविक नाव चलाते समय सब की वाणी पर आप के गीतों का जादू था।

5. नीचे दिये वाक्यों को पूरा कीजिये:

(1) इस परीक्षा में अगर आप फ़ेल भी हो जाएं, _____
(2) कल पानी बरसेगा भी, _____
(3) अगर उस ने ग़लती भी की हो, _____
(4) आप मेरे साथ न भी जाना चाहते, _____

6. निम्नलिखित शब्दों का एक-एक पर्यायवाची लिखिये:

वृक्ष   मास   आज्ञा   कथा   देहान्त   कन्या   वाणी   रोग

7. नीचे दिये शब्द-समूहों का अर्थ हिन्दी में बताइये:

成功的秘诀	保持警惕
老弱病妇专座	保护野生动物
人口调查	接受社会主义教育
口语和书面语	发扬合作精神
往事的回忆	展现光辉形象

8. नीचे दिये शब्दों या मुहावरों को अपने वाक्यों में प्रयुक्त कीजिये:

（1）के समान	（6）इलाज करना
（2）आज्ञा लेना	（7）अभिनय करना
（3）दंड देना	（8）चालू करना
（4）मन लगाना	（9）क्या कहने
（5）राय देना	（10）नाम न लेना

9. निम्नलिखित लेख का हिन्दी में अनुवाद कीजिये:

同学们，今天我给你们讲一讲关于印度国际大学的故事。国际大学不仅在印度而且在世界上也是一所有名的大学。可是，你们也许不知道，它现在的所在地，很多年以前却是一片荒野。伟大的诗人泰戈尔遵照父亲的意愿，在这里开办了一所学堂。开始的时候，只有五名学生。后来，到这里求学的人越来越多了。

跟其他学校不一样，这里不对学生实行体罚。师生友好相处。他们互相信任，互相爱护。学生们生活得很愉快，学习很用功。他们白天学习，晚上聚在一起讲故事。

学生们除了学习书本知识，还学习木匠活、铁匠活、养牛、种田、护理病人等。

आठवां पाठ   शांतिनिकेतन और श्रीनिकेतन

你们大概知道，印度是一个存在着种姓制度的国家。可是，在这里所有的学生，不论是印度教徒、伊斯兰教徒还是基督教徒，都一起住，一起吃，亲如兄弟。

女孩子们也可以来这里上学。她们不仅读书，还学习音乐，绘画，雕塑，烹饪，缝纫等。这种学校在当时是很少有的，即使今天也不多见。

泰戈尔创建的这个学堂后来发展成为一所大学。从1922年起，它就叫"印度国际大学"了。

10. निम्नलिखित प्रश्नों के उत्तर दीजिये:

(1) शान्तिनिकेतन की स्थापना किस ने की थी?

(2) उस समय वहां की स्थिति कैसी थी?

(3) रवीन्द्रनाथ ठाकुर ने वहां ब्रह्मचर्य आश्रम कब खोला? शुरू में इस आश्रम की हालत कैसी थी?

(4) वहां विद्यार्थी और अध्यापक आपस में किस तरह रहते थे?

(5) वहां विद्यार्थियों का जीवन कैसा था? एक उदाहरण देकर बताइये।

(6) किताबी पढ़ाई के अलावा विद्यार्थियों को और क्या क्या सिखाये जाते थे?

(7) ठाकुर जी की पत्नी के बारे में आप क्या जानते हैं?

(8) क्या वहां कन्याओं का भी आश्रम खोला गया था? उस के बारे में कुछ बताइये।

(9) श्रीनिकेतन किस लिये खोला गया था?

(10) वहां किसानों के बालकों को क्या क्या काम सिखाये जाते थे?

(11) रवीन्द्रनाथ ने ग्राम्य जीवन में किस तरह जान डाल दी?

（12）ठाकुर जी का पचासवां जन्म-दिन कहां और किस प्रकार मनाया गया था?

（13）जनवरी 1912 में कलकत्ता के टाउन-हाल में जो विशाल सभा हुई उस में ठाकुर जी का किस तरह अभिनन्दन किया गया?

（14）रवीन्द्रनाथ जी के गीतों का लोगों पर क्या प्रभाव पड़ता था?

11. इस पाठ का सारांश अपने शब्दों में सुनाइये।

12. नीचे बताये पैराग्राफ़ों को रटकर सुनाइये।

"पढ़ाई के बाद रात को सब इकट्ठे होते"---फ़रवरी 1922 से इस का नाम 'विश्वभारती' हो गया है।"

13. "मेरा स्कूल" शीर्षक पर एक लेख लिखिये, जिस की शब्द-संख्या दो सौ से कम न हो।

नौवां पाठ

हाथी-हाथी, कितना भारी

बहुत पुरानी बात है, एक राजा था। वह बड़ा दानी था। पंडितों और विद्वानों का बड़ा आदर करता था।

एक दिन प्रातः राजा अपने मंत्री के साथ अपने हाथियों को देखने के लिए हाथीखाने में गया। राजा के हाथी खूब तगड़े थे। राजा उन को देखकर बड़ा प्रसन्न हुआ। उसने मंत्री से पूछा, "भला एक हाथी का वज़न कितना होगा?" मंत्री उत्तर न दे सका। उसने कहा, "महाराज, क्यों न आज की सभा में यही प्रश्न पूछा जाये?" राजा ने मंत्री की बात मान ली।

उस दिन दरबार लगा। राजकाज देखने के बाद राजा ने दरबारियों से यह प्रश्न किया। प्रश्न सुनकर सब चकराये। कोई उत्तर न दे सका। दरबार उठ गया।

राजा उत्तर न मिलने के कारण उदास हो गया। उसने मंत्री को बुलाकर आज्ञा दी---"पूरे राज्य में डंका पिटवा दो कि जो व्यक्ति राजा के हाथी मदन को तौलकर उस का वज़न बताएगा, उसे दस हज़ार रुपये का पुरस्कार दिया जाएगा।"

राज्य भर में डंका पिटवा दिया गया। कई दिन बीत गये, पर कोई व्यक्ति दरबार में उपस्थित नहीं हुआ। राजा और उदास रहने लगा। अंत में एक बूढ़ा मल्लाह राजा के दरबार में पहुंचा। उसने हाथ जोड़कर निवेदन किया---"महाराज,

यदि आप मुझे अवसर दें, तो मैं आप के मदन को तौल सकता हूं।"

राजा प्रसन्न हो उठा। मंत्री को बुलाकर महावत के साथ मदन को मल्लाह के हाथ में सौंप दिया गया।

बूढ़े मल्लाह ने महावत से कहा---"हाथी को पास वाले तालाब पर ले चलो।" फिर उसने मंत्री से निवेदन किया, "एक बड़ा बेड़ा उठवाकर तालाब में रखवा दीजिए।"

बेड़ा तालाब में डाल दिया गया। अब हाथी को तौला जाना था। राजा, राज परिवार के लोग, मंत्री तथा अन्य अधिकारी उपस्थित थे। जनता का एक बड़ा समूह भी इस अनोखे तमाशे को देखने के लिए वहां एकत्रित था। वहां तिल रखने की भी जगह न थी। बूढ़े मल्लाह ने हाथी को बेड़े में बिठाया। फिर वह बेड़े को तालाब के बीच में ले गया। वहां उसने बेड़े के बाहरी भाग को देखा। हाथी के बैठने पर बेड़ा जितना पानी में डूबा हुआ था, बेड़े की उस जगह पर चाकू से बूढ़े ने एक निशान लगा दिया। फिर वह बेड़े को किनारे पर ले आया और हाथी को उतार दिया।

अब बूढ़े मल्लाह ने उस बेड़े में पत्थर भरने शुरू किये। पत्थर भरकर वह बेड़े को तालाब के बीच ले चला। उस बेड़े के पीछे-पीछे एक छोटी नाव भी थी। बूढ़े मल्लाह ने उस में भी पत्थर रखवाए थे। अब मल्लाह छोटी नाव में से पत्थर निकालकर बेड़े में डालने लगा। वह तब तक बेड़े में पत्थर डालता रहा जब तक बेड़ा चाकू से लगाये गये पहले निशान तक नहीं डूब गया। बेड़े के पुराने निशान तक डूबते ही मल्लाह ने उस में पत्थर भरने बंद कर दिए और बेड़े को किनारे पर ले आया।

मल्लाह ने बेड़े में भरे पत्थरों को निकलवाकर धरती पर ढेर लगवा दिया। जब बेड़ा पूरा ख़ाली हो गया, तब पत्थरों को तोलवाकर राजा को हाथी का पूरा वज़न बता दिया। राजा तथा दरबारी लोगों ने मल्लाह की इस सूझ-बूझ को देखकर दांतों तले उंगली दबा ली। राजा ने बूढ़े मल्लाह को दस हज़ार मुद्राएं पुरस्कार में दीं। राज्य भर में उस की सूझ-बूझ की धाक जम गयी।

नौवां पाठ   हाथी-हाथी, कितना भारी

शब्दावली

दानी（形）好施舍的
पंडित（阳）精通经典的婆罗门；
　　　　 学者，婆罗门学者
विद्वान्（阳）学者
मंत्री（阳）大臣；部长
हाथीखाना（阳）象棚
तगड़ा（形）健壮的，壮实的
दरबारी（阳）宫中政务会议的成员，
　　　　 朝臣
चकराना（不及）吃惊，惊恐
डंका（阳）大鼓
पिटवाना（及）使打，使击打
डंका---　使击鼓，使通知，使宣告
मदन　 大象名
तौलना（及）称重量
पुरस्कार（阳）奖励；奖金；奖品
बीतना（不及）度过
उपस्थित（形）出现的，出席的
मल्लाह（阳）船夫
जोड़ना（及）连接，合（掌）
हाथ---　双手合十，作揖
निवेदन（阳）请求，恳求

---करना　请求，恳求
महावत（阳）赶象的人
सौंपना（及）交给，托付，
　　　　 委托
बेड़ा（阳）船，木筏
उठवाना（及）（उठाना 的致
　　　　 使）使抬起，
　　　　 使举起
रखवाना（及）（रखना 的致
　　　　 使）使放置
डालना（及）放入，装入
राज परिवार（阳）王室
अधिकारी（阳）当权的人，
　　　　 官员
अनोखा（形）新奇的，奇特的
तमाशा（阳）（马戏等的）
　　　　 表演，把戏
एकत्रित（形）聚集起来的
तिल（阳）芝麻
---रखने की भी जगह न होना
　　没有插足的地方，
　　非常拥挤

बिठाना（及）使坐，安放
बाहरी（形）外面的，外部的
डूबना（不及）沉下，沉没
चाकू（阳）刀子，小刀
निशान（阳）记号，标志
---लगाना 作记号，作标志
उतारना（及）使上岸，使着陆；
　　　　　卸下，卸重物
भरना（及）装，填
बन्द（形）停止的，关闭的
---करना 停止，关闭
निकलवाना（及）使取出
धरती（阴）陆地，土地
ढेर（阳）堆
---लगाना 聚集成堆，堆在一起

लगवाना（及）लगाना 的致使
ख़ाली（形）空的
---होना 空
तोलवाना（及）तौलना 的致使
सूझ-बूझ（阴）智慧，智力
तले(के तले)（后）在……下面
उंगली（阴）手指
दबाना（及）压
दांतों तले उंगली--- 大为惊讶，
　　　　　　　　　　极为惊讶
मुद्रा（阴）钱币，金币
धाक（阴）声望，威信
---जमना 有声望，有威信

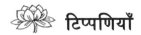 टिप्पणियाँ

1. भला एक हाथी का वज़न कितना होगा?

　　句中 भला 是个语气词，用来加强语气。可理解为"究竟""到底"等意思，多用于问句中。例如：

भला आप क्या चाहते हैं?
您究竟想干什么呀?

भला तुम वहां कब गए थे?
你到底什么时候到那儿去的?

भला 常与 क्या, कितना, कब, कहां, कौन 等连用。

2. महाराज, क्यों न आज की सभा में यही प्रश्न पूछा जाए?

（1）क्यों न 意为"何不"，用反问的语气表示应该或可以，因而这类句子多用虚拟语气。如:

वह भी शहर जा रहा है, आप क्यों न उस के साथ साथ चले जाएं?
他也进城，您何不跟他一起去呢?

（2）पूछा जाए 为被动语态虚拟语气，其宾语 लोगों से 省略了。这里之所以用被动语态是因为不必指出由谁提问。

3. राजकाज देखने के बाद राजा ने दरबारियों से वह प्रश्न किया।

句中 देखना 意为"料理""处理"。又如:

मुंह बन्द करो, अपना ही काम देखो।
你别多嘴，干你自己的事吧。

4. दरबार उठ गया।

उठना 表示会议等的"结束"。又如:

सभा उठ गयी।　　大会结束了。
अब तो मीटिंग उठने का समय हो रहा है।　　马上就要散会了。

5. राज्य भर में डंका पिटवा दिया गया।

句中 पिटवाना 为 पीटना 的致使动词。

致使动词是印地语动词的一种。它表示动作不是由句子主语直接完成的，而是通过他人完成的。这种动词具有致使的意义，有"使……""让某人做什么"的意思。例如：

यह मकान गुप्त जी ने बनवाया है।

这房子是古普塔先生请人盖的。

बनवाना 为 बनाना 的致使。如果说"这房子是古普塔先生自己动手盖的"，则应说：

यह मकान गुप्त जी ने बनाया है।

致使动词的动作的完成者若需指出时，须加 से 或 के द्वारा，如上例中房子是请工人盖的，则应说：

यह मकान गुप्त जी ने मज़दूरों से बनवाया है।

本文中还有几处使用了致使动词，请注意。

6. अब बूढ़े मल्लाह ने उस बेड़े में पत्थर भरने शुरू किये।

不定式在句中作宾语时，谓语动词的性、数与不定式的宾语一致。本句不定式的宾语 पत्थर 为阳性复数，故谓语动词用 शुरू किये。

本文中还有一处同样的用法，请注意。

7. जब बेड़ा पूरा ख़ाली हो गया...

句中 पूरा 用作状语，意思是"完全""全部"。पूरा 有性的变化。例如：

आप ने यह किताब पूरी पढ़ी?
这本书您全读过了吗?

8. महा- （梵）

前缀。指"大"。例如：

महाराज	大王
महासभा	大会
महायुद्ध	大战

 व्याकरण

完成分词小结

完成分词在印地语各类分词中占有重要地位，无论书面语或口语中均广泛使用。完成分词只有一种句法功能，即用作状语，一般直接与谓语发生关系。这是它与其它分词的主要区别。完成分词与谓语的关系除了表示动作时间的先后之外，还有修饰与被修饰、手段和目的、原因和结果等等关系。这里仅就已学过的完成分词与谓语的几种主要关系作一小结，以便于今后更好地理解和掌握完成分词的各种含义和用法。

1. 先后关系

完成分词表示的动作时间在先，谓语动词表示的动作时间在后，称为先后关系。例如：

यह कंगन पाकर मेरी पत्नी फूली न समाएगी। （4）

उस के वृहदाकार को देखकर हम लोग वास्तव में आश्चर्यचकित हो गए। (5)

ज़रा इस खेल-कूद को बन्द करके मेरी एक बात को सुन लो महारानी। (6)

（例句后面括号内的号码表示引自本教材的第几课。后同）

先后关系是完成分词与谓语的各种关系中最基本的一种关系，其它各种关系也都有这层含义，或者说都是从这种关系中派生出来的。

2. 修饰关系

完成分词与谓语动词之间的关系是修饰与被修饰的关系，前者说明后者的行为方式，称为修饰关系。例如：

जब तुम अपने पाठ को अच्छी तरह बोलकर पढ़ना सीख लो, तो फिर उसे मौन रहकर पढ़ो। (1)

तुम ज़रा उस कलमुंही से कह देना कि मुंह संभालकर बात किया करे। (6)

ऊदबिलाव ने खूब नमक मिर्च लगाकर हरी मछली ने जो जो कहा था वह सब सुना दिया। (6)

ऐसे समय मन होता है कि या तो इन सब को गोली मार दूं या स्वयं फांसी लगाकर मर जाऊं। (7)

3. 手段和目的

完成分词的动作表示达到某个目的的手段，谓语动词的动作表示要达到的目的。例如：

हम अधिकतर कार्य बोलकर ही चला लेते हैं। (1)

सच है, दो में फूट डालकर इसी तरह तीसरा अपना भला किया करता है। (6)

श्रीनिकेतन में एक विशाल खेत है जिस में इस प्रकार के प्रयोग करके किसानों को सिखाया जाता है।（8）

4. 因果关系

完成分词的动作表示造成某种情况的原因，谓语动词的动作表示其结果。例如：

उसी के उपदेश से प्रभावित होकर मैं धर्म कार्य करने लगा।（4）

बाघ की बातों से कंगन के लोभ में आकर वह भोला पथिक तालाब में उतर गया।（4）

छोटी-छोटी बातों को लेकर मारपीट होती रहती है।（7）

此外，完成分词还可以叠用，表示其动作的"连续""反复"。表示以上各种关系的完成分词均可重叠使用。例如：

एक सीट पर सिर्फ एक महिला अपने दोनों छोटे बच्चों के साथ बैठी थी, जो उसे चिल्ला-चिल्लाकर तंग कर रहे थे।（2）

अब मल्लाह छोटी नाव में से पत्थर निकाल-निकालकर बेड़े में डालने लगा।（9）

कहावतें

कल करे सो आज, आज करे सो अब।
（明天做的事不如今天做，今天做的事不如现在就做。）
कभी नाव गाड़ी पर, कभी गाड़ी नाव पर।
（有时车载船，有时船载车；互相帮助。）

 अभ्यास

1. उच्चारण कीजिये:

पंडित　　विद्वान्　　डंका　　पिटवाना　　उपस्थित　　मल्लाह
सौंपना　　बेड़ा　　एकत्रित　　डूबना　　धरती　　ढेर
मुद्रा　　धाक

2. निम्नलिखित वाक्यों को ऊंची आवाज़ से पढ़िये और उन्हें रटने की कोशिश कीजिये:

(1) भला एक हाथी का वज़न कितना होगा?

(2) महाराज, क्यों न आज की सभा में यही प्रश्न पूछा जाए?

(3) वहाँ तिल रखने की भी जगह न थी।

(4) अब बूढ़े मल्लाह ने उस बेड़े में पत्थर भरने शुरू किये।

(5) राज्य भर में उस की सूझ-बूझ की धाक जम गई।

3. नीचे दिये वाक्यों का विश्लेषण कीजिये, फिर उनका चीनी में अनुवाद कीजिये:

(1) पूरे राज्य में डंका पिटवा दो कि जो व्यक्ति राजा के हाथी मदन को तौलकर उस का वज़न बताएगा उसे दस हज़ार रुपये का पुरस्कार दिया जाएगा।

(2) फिर उस ने मंत्री से निवेदन किया, एक बड़ा बेड़ा उठवाकर तालाब में रखवा कीजिये।

(3) हाथी के बैठने पर बेड़ा जितना पानी में डूबा हुआ था, बेड़े की उस जगह पर चाकू से बूढ़े ने एक निशान लगा दिया।

(4) वह तब तक बेड़े में पत्थर डालता रहा जब तक बेड़ा चाकू से लगाए गए पहले निशान तक नहीं डूब गया।

(5) राजा तथा दरबारी लोगों ने मल्लाह की इस सूझ-बूझ को देखकर दांतों तले उंगली दबा ली।

4. निम्नलिखित वाक्यों का अर्थ स्पष्ट कीजिये:

(1) प्रश्न सुनकर सब चकराये। कोई उत्तर न दे सका। दरबार उठ गया।

(2) राजा उत्तर न मिलने के कारण उदास हो गया।

(3) वहाँ तिल रखने की भी जगह न थी।

(4) बेड़े के पुराने निशान तक डूबते ही मल्लाह ने उस में पत्थर भरने बन्द कर दिये और बेड़े को किनारे पर ले आया।

(5) मल्लाह ने बेड़े में भरे पत्थरों को निकलवाकर धरती पर ढेर लगवा दिया।

5. निम्नलिखित वाक्यों को पूरा कीजिये:

(1) यह बात सुनते ही वह आग-बबूला होकर _____

(2) ऐसी स्थिति में उस को विवश होकर _____

(3) आप का पत्र मिला और हम लोग खुश होकर _____

(4) मज़दूर लोग अधिक उत्पादन करके _____

(5) वे लोग हमेशा ऐसी बातों को लेकर _____

(6) सर्दी की छुट्टियों में मुझे बहुत-से काम करने हैं, यही सोचकर _____

6. नीचे दिये विशेषणों के लिये निम्नलिखित संज्ञाओं में से एक चुनिये, जो उचित हो:

भारी   ज़मीन

बाहरी   फूल

सुनसान	बीज
सुगंधित	सामान
बढ़िया	मैदान
सूखा	रूप

7. निम्नलिखित चीनी मुहावरों का अर्थ हिन्दी में बताइये:

装腔作势	心惊肉跳
名声扫地	号啕大哭
专心致志	气急败坏
垂涎欲滴	添油加醋

8. नीचे दिये शब्दों या मुहावरों से वाक्य बनाइये:

（1）भला （5）सौंप देना
（2）क्यों न （6）तिल रखने की जगह न होना
（3）पुरस्कार देना （7）निशान लगाना
（4）उपस्थित होना （8）दांतों तले उंगली दबाना

9. वाक्यों का हिन्दी में अनुवाद कीजिये चीनी:

（1）散会以后咱们谈谈好吗？
（2）您干吗不征求一下老师的意见呢？
（3）出事的时候都有谁在场？
（4）把下面作了记号的那些句子写在练习本上。
（5）那天车上挤得连插脚的地方都没有。
（6）我托你办的那件事有结果了吗？
（7）咱们明天四点钟见，你不来我不走。

नौवां पाठ हाथी-हाथी, कितना भारी

（8）只要有我在，绝不允许出现这种事。
（9）你知道多少就讲多少吧。
（10）我让一位老同学把你的行李放在你宿舍了。
（11）别再唱歌了，听我给你们朗诵一首诗。
（12）不认识的字你作个记号，好问老师。
（13）你们学校究竟有多少外国学生？
（14）这个人我好像在哪儿见过，可不记得了。
（15）这间屋你让谁给盖的？这是我自己盖的。
（16）请人搬行李你花了多少钱？
（17）他说，只要他住在中国，他就不放弃学习中文的机会。
（18）希望你一到家就来信，越早越好。
（19）我昨天告诉你的事你大概忘了吧？
（20）只要我活着，我就要为增进中印两国人民的友谊奋斗不息。

10. प्रश्नों के उत्तर दीजिये:

（1）इस पाठ में जो राजा था वह कैसा आदमी था?
（2）अपने हाथियों को देखकर राजा ने अपने मंत्री से क्या पूछा और मंत्री ने क्या जवाब दिया?
（3）राजकाज देखने के बाद राजा ने दरबारियों से क्या प्रश्न किया?
（4）राजा क्यों उदास हो गया?
（5）उस ने मंत्री को बुलाकर क्या आज्ञा दी?
（6）फिर राजा क्यों उदास रहने लगा?
（7）बूढ़े मल्लाह ने दरबार में आकर क्या निवेदन किया?
（8）राजा ने प्रसन्न होकर क्या किया?
（9）बूढ़े मल्लाह ने पहले महावत से और फिर मंत्री से क्या कहा?

（10）जब हाथी को तौला जाना था तब कौन-कौन उपस्थित थे और कौन-कौन वहां एकत्रित थे?

（11）मल्लाह ने किस तरह तौलकर हाथी का पूरा वज़न राजा को बता दिया?

（12）मल्लाह की सूझ-बूझ को देखकर राजा ने क्या किया?

11. इस पाठ का सारांश सुनाइये।

12. इस पाठ के अंतिम तीन पैराग्राफ़ों को अर्थात् "बेड़ा तालाब में डाल दिया गया" से अन्त तक रटकर सुनाइये।

13. किसी बुद्धिमान व्यक्ति की कहानी सुनाइये।

दसवां पाठ

अमर शहीद चंद्रशेखर आज़ाद

चंद्रशेखर आज़ाद का जन्म एक बहुत ही साधारण परिवार में मध्य प्रदेश के एक ग्राम में हुआ था। बचपन से ही वे बहुत साहसी थे। वे जिस काम को करना चाहते थे, उसे करके ही दम लेते थे। एक बार वे लाल रोशनी देने वाली दियासलाई से खेल रहे थे। उन्होंने साथियों से कहा कि एक सलाई से जब इतनी रोशनी होती है, तो सब सलाइयों को एक साथ जलाए जाने से न मालूम कितनी रोशनी होगी। सब साथी इस प्रस्ताव पर खुश हुए, पर किसी की हिम्मत नहीं पड़ी कि इतनी सारी सलाइयों को एक साथ जलाए, क्योंकि रोशनी के साथ सलाई में तेज़ आंच भी होती है। इस पर चंद्रशेखर सामने आए और उन्होंने कहा कि मैं एक साथ सब को जलाऊंगा। उन्होंने ऐसा ही किया। तमाशा तो खूब हुआ, उन का हाथ भी जल गया, पर उन्होंने उफ़ तक नहीं की।

चंद्रशेखर जब दस-ग्यारह वर्ष के थे तब जलियांवाला बाग का भयंकर हत्याकांड हुआ, जिस में सैकड़ों निरपराध भारतीयों को गोली का शिकार होना पड़ा।

आज़ाद ने भी इस दर्दनाक घटना का वर्णन सुना। यद्यपि उन की अवस्था छोटी ही थी, तो भी भारतीय राजनीति में उन की रुचि जग गई और वे भी अंग्रेज़ों

के विरुद्ध कुछ कर दिखाने के उपाय सोचने लगे।

उन्हीं दिनों ब्रिटिश युवराज एडवर्ड भारत आने वाले थे। कांग्रेस ने तय किया कि उन का बहिष्कार किया जाए। इस संबंध में जब गांधी जी ने आंदोलन चलाया, तो आज़ाद भी इस में कूद पड़े। यद्यपि वे अभी बालक ही थे, फिर भी पुलिस ने उन्हें गिरफ़्तार कर लिया। उन से कचहरी में मजिस्ट्रेट ने पूछा, "तुम्हारा क्या नाम है?"

उन्होंने अकड़कर बताया, "आज़ाद।"

"तुम्हारे बाप का नाम क्या है?"

"स्वाधीनता।"

"तुम्हारा घर कहां है?"

"जेलखाना।"

मजिस्ट्रेट ने आज्ञा दी, "इसे ले जाओ, पंद्रह बेंत लगाकर छोड़ दो।"

इस घटना के बाद ही चंद्रशेखर नामक वह बालक "आज़ाद" के नाम से विख्यात हो गया।

इन्हीं दिनों भारत के क्रांतिकारी अपना संगठन कर रहे थे। चंद्रशेखर आज़ाद उन से अधिक प्रभावित हुए और वे भी उन के दल में शामिल हो गए।

क्रांतिकारी दल के सामने सब से बड़ी समस्या यह थी कि संगठन के लिए धन कहां से मिले। इसीलिए दल की ओर से सन् 1925 ई. में उत्तर प्रदेश में काकोरी स्टेशन के निकट चलती रेल गाड़ी को रोककर सरकारी ख़ज़ाना लूट लिया गया।

इस घटना के होते ही ब्रिटिश सरकार की ओर से गिरफ़्तारियां होने लगीं, पर आज़ाद को गिरफ़्तार न किया जा सका। उन्हें पकड़ने के लिए बड़ा इनाम घोषित किया गया। आज़ाद ने भी ठान लिया था कि मुझे कोई जीवित नहीं पकड़ सकेगा, मेरी लाश को ही गिरफ़्तार किया जा सकता है। बाकी लोगों पर मुकदमा चलता रहा और चंद्रशेखर आज़ाद झांसी के आसपास के स्थानों में छिपे रहे और गोली चलाने का अभ्यास करते रहे।

अब उत्तर भारत के क्रांतिकारी दल के नेतृत्व का पूरा भार आज़ाद पर आ पड़ा। ब्रिटिश सरकार आज़ाद को तत्काल पकड़ना चाहती थी, पर वे किसी भी तरह हाथ नहीं आ रहे थे। सन् 1931 ई. की 27 फ़रवरी की बात है। दिन के दस बजे थे। आज़ाद और उन का एक साथी इलाहाबाद के एक पार्क में बैठे थे। इतने में दो पुलिस अधिकारी वहां आए। उन में से एक आज़ाद को पहचानता था। उसने दूर से आज़ाद को देखा और लौटकर खुफ़िया पुलिस के सुपरिण्टेण्डेण्ट नाट बाबर को उस की ख़बर दी। नाट बाबर इस की ख़बर पाते ही तुरंत मोटर द्वारा उस पार्क में पहुंचा और आज़ाद से दस गज़ के फ़ासले पर उस ने मोटर रोक दी। पुलिस की मोटर देखकर आज़ाद का साथी तो बच निकला किन्तु वे स्वयं वहीं रह गए। नाट बाबर आज़ाद की ओर बढ़ा। दोनों तरफ़ से एक साथ गोली चली। नाट बाबर की गोली आज़ाद की जांघ में लगी और आज़ाद की गोली नाट बाबर की कलाई पर ,जिस से उस की पिस्तौल छूटकर गिर पड़ी। उधर और भी पुलिसवाले आज़ाद पर गोली चला रहे थे। हाथ से पिस्तौल छूटते ही नाट बाबर एक पेड़ की ओट में छिप गया। आज़ाद के पास हमेशा काफ़ी गोलियां रहती थीं, जिन का इस अवसर पर उन्होंने खूब उपयोग किया। नाट बाबर जिस पेड़ की आड़ में था, आज़ाद मानों उस पेड़ को छेदकर नाट बाबर को मार डालना चाहते थे।

पूरे एक घंटे तक दोनों ओर से गोलियां चलती रहीं। कहते हैं, जब आज़ाद के पास गोलियां ख़त्म होने लगीं तो अंतिम गोली उन्होंने स्वयं अपने को मार ली। इस प्रकार वह महान योद्धा मातृभूमि के लिए अपने प्राणों की आहुति देकर सदा के लिए सो गया। अपनी यह प्रतिज्ञा उन्होंने अंत तक निभाई कि वे कभी ज़िन्दा नहीं पकड़े जाएंगे।

आज़ाद जिस स्थान पर शहीद हुए, वहां उन की एक प्रतिमा स्थापित की गई है। वहां जानेवाला हर व्यक्ति उस वीरात्मा को श्रद्धांजलि अर्पित करता है, जिसने अपनी जन्म-भूमि की पराधीनता की बेड़ियों को काटने के लिए अपना जीवन सहर्ष बलिदान कर दिया।

(मन्मथ नाथ गुप्त के मूल से संक्षिप्त)

शब्दावली

अमर（形）不朽的
शहीद（阳）烈士，牺牲者
---होना　牺牲
चंद्रशेखर आज़ाद　人名
साधारण（形）普通的，一般的
मध्य प्रदेश（阳）中央邦
साहसी（形）勇敢的
दम（阳）呼吸
---लेना　喘气，休息（成语）
रोशनी（阴）光，光亮
---देना　发光
सलाई（阴）火柴，细棍
जलाना（及）烧，点燃
प्रस्ताव（阳）话题，建议
हिम्मत（阴）胆量，勇气
---पड़ना　有胆量，有勇气，敢
तेज़（形）强烈的
आंच（阴）热，热量
जलना（不及）烧，燃烧
उफ़（阴）（感）哎哟（叫痛声）
---करना　发出哎哟声
जलियांवाला　查利亚（公园）
हत्याकांड（阳）杀人案，惨案
सैकड़ा（数）百
निरपराध（形）无罪的，无辜的
दर्दनाक（形）悲痛的，惨痛的
वर्णन（阳）叙述，描述
राजनीति（阴）政治，政治活动
जगना（不及）醒，睡醒，发生，引起（兴趣等）
के विरुद्ध（后）反对
उपाय（阳）办法，方法
युवराज（阳）王子，太子
एडर्वड　人名
कांग्रेस（阴）印度国大党
बहिष्कार（阳）抵制，驱逐
का---करना　抵制，驱逐
गांधी　甘地
आंदोलन（阳）运动
---चलाना　发动运动
कूदना（不及）跳下，跃入
आंदोलन में कूद पड़ना　参加运动
बालक（阳）少年，儿童
पुलिस（阴）警察

गिरफ़्तार（形）被逮捕的
---होना 被捕
---करना 逮捕
कचहरी（阴）法庭，法院
मजिस्ट्रेट（阴）（英）法官
जेलखाना（阳）监狱，牢房
बेंत（阳）藤条，用藤条做成的手杖
---लगाना 用棍子打
छोड़ना（及）释放
विख्यात（形）出名的，著名的
---होना 出名，闻名
काकोरी 地名
क्रांतिकारी（阳）革命者
（形）革命的
दल（阳）团体，集团；政党
शामिल（形）参加的
में---होना 参加……
के निकट（后）在……附近，靠近……
ख़ज़ाना（阳）金库，银钱
गिरफ़्तारी（阴）逮捕
---होना 逮捕
इनाम（阳）奖赏，奖金
घोषित（形）被宣布的，被宣告的
---करना 宣布，宣告
ठानना（及）决定，下决心
लाश（阴）尸体
मुकदमा（阳）诉讼，诉讼案件
पर---चलना 被起诉
छिपना（不及）藏，隐藏
गोली（阴）子弹
---चलना 开枪
---चलाना 打枪，射击
भार（阳）担子，重担
आ पड़ना（不及）猛然落下
तत्काल（副）立刻，当即
पार्क（阳）（英）公园
पहचानना（及）认识
ख़ुफ़िया（形）秘密的，隐蔽的
---पुलिस 秘密警察
सुपरिण्टेण्डेण्ट（阳）（英）警长
नाट बाबर 人名
ख़बर（阴）消息
की---देना 通知……，告发……
गज़（阳）码（0.914 米）
फ़ासला（阳）距离
बचना（不及）躲避，避开
बच निकलना 逃避，逃脱
जांघ（阴）大腿

---में गोली लगना 腿上中弹
कलाई（阴）手腕
---पर गोली लगना 手腕中弹
पिस्तौल（阴）手枪
छूटना（不及）脱开，脱落
ओट（阴）掩护，掩藏
की---में छिप जाना 躲在……后面
आड़（阴）掩护，遮蔽
छेदना（及）穿孔，打穿
योद्धा（不变阳）战士
प्राण（阳）生命
आहुति（阴）祭品，牺牲
की---देना 牺牲
सदा के लिये 永远

प्रतिज्ञा（阴）誓言
ज़िन्दा（不变形）活的，活着的
प्रतिमा（阴）塑像
वीरात्मा（阴）英雄的灵魂，
　　　　　　灵魂
श्रद्धांजलि（阴）哀悼
अर्पित（形）交给的，献给的
श्रद्धांजलि---करना 哀悼，致哀
जन्मभूमि（阴）故乡，祖国
पराधीनता（阴）附属，附庸，
　　　　　　　附庸地位
बेड़ी（阴）锁链，铁链
बलिदान（阳）祭品，祭祀，牺牲
जीवन(का)---करना 牺牲生命

टिप्पणियाँ

लेखक-परिचय---मन्मथ नाथ गुप्त(जन्म 1908) की मातृभाषा बंगाली है। आप बचपन से ही सशस्त्र क्रांतिकारियों के साथ रहे और उन पर आप ने बहुत मनोरंजक इतिहास लिखा है। आप ने कई कहानियां और उपन्यास भी लिखे हैं। बंगाली साहित्य के बारे में भी आप की कई पुस्तकें हिन्दी में हैं।

1. वे जिस काम को करना चाहते थे, उसे करके ही दम लेते थे।

　　句中 दम लेना 本意为"喘气"，作为成语，意为"稍作休息"，"休息一下"，相当于汉语的"喘口气"。

完成分词与 **दम लेना** 连用，表示“非……不可”“一定要……才罢休”。完成分词后面加 ही 表示加强语气。例如：

इस काम को मैं आज ही पूरा करके दम लूंगा।

这项任务我今天非完成不可。

उस ने कहा है कि वह इस पूरे पाठ को रटकर ही दम लेगा।

他说他一定要把这篇课文全部背下来才肯罢休。

2. इस पर चन्द्रशेखर सामने आये...

后置词 पर 在这里表示原因，意思是“为此”。又如：

इस बात पर झगड़ा मत करो।

不要为这件事争吵。

वह किसी काम पर बाहर गया था।

他有事出去了。

3. तमाशा तो ख़ूब हुआ, उन का हाथ भी जल गया, ...

这是一句由 तो 与 पर 构成的并列复合句，这里 पर 省略了。在这种句型中 पर 有时也可用 किन्तु。

4. वे भी अंग्रेज़ों के विरुद्ध कुछ कर दिखाने के उपाय सोचने लगे।

句中 कर 为完成分词 करके 之省略。कुछ कर दिखाना 本意为“做一些事情给人看”，作为习语，意思是“有所作为”“作出一番事业”。

5. उन्हीं दिनों ब्रिटिश युवराज एडवर्ड भारत आनेवाले थे।

（1）उन्हीं 为 उन+ही。

वे 和 ये 带后形式加 ही，均以此形式变化。

इन+ ही 则为 इन्हीं。

（2）उन्हीं दिनों 省略了后置词 में。意思是"就在那些日子里""恰恰在当时"。

指示代词与表示时间的名词连用作状语时，后置词往往省略。又如：

उस दिन　　　　那天
इसी समय　　　　就在这时

6. इसीलिये दल की ओर से सन् 1925 ई. में उत्तर प्रदेश में काकोरी स्टेशन के निकट चलती रेल-गाड़ी को रोककर सरकारी ख़ज़ाना लूट लिया गया।

句中 ई. 为 ईसवी（基督的）的缩写。सन् 1925 ई. 是公元 1925 年，也写作 ईसवी सन् 1925。

7. ...मुझे कोई जीवित नहीं पकड़ सकेगा, ...

जीवित पकड़ना 意思是"活捉"。本文中 ज़िन्दा पकड़ना 与此用法相同。

8. बाकी लोगों पर मुकदमा चलता रहा और चन्द्रशेखर आज़ाद झांसी के आस-पास छिपे रहे और गोली चलाने का अभ्यास करते रहे।

注意现在分词和过去分词与 रहना 连用时在意义上的区别。

दसवां पाठ   अमर शहीद चंद्रशेखर आज़ाद

9. ...जिस से उस की पिस्तौल छूटकर गिर पड़ी।

   छूटकर 前面省略了 हाथ से。

10. कहते हैं...,ख़त्म होने लगीं जब आज़ाद के पास गोलियां , ...

    句中 कहते हैं（省略主语 लोग）是个习惯说法，意思是"据说"。
    "据说"的另一表达法是 कहा जाता है。

11. इस प्रकार वह महान योद्धा मातृभूमि के लिये अपने प्राणों की आहुति देकर सदा के लिये सो गया।

    名词 प्राण（生命）习惯上常用复数，请注意。

12. -इत (梵)

    后缀，加在某些梵语名词后面，将该名词变为具有被动意义的形容词。（名词若以鼻辅音结尾，须将鼻辅音去掉再加 इत。）如：

    प्रभाव---प्रभावित   受影响的，被感动的
    स्थापना---स्थापित   被建立起来的
    घोषणा---घोषित   被宣布的

    निर्-(梵)

    前缀，表示"无""不"。如：

    आशा---निराशा   失望，绝望
    अपराध---निरपराध   无罪的
    उद्देश्य---निरुद्देश्य   无目的的，盲目的

 व्याकरण

1. 复合动词 पड़ना

复合动词 पड़ना 多与不及物动词的词根连用，表示"突然""不意"等意思。例如：

वह चलते-चलते गिर पड़ा।
他走着走着摔倒了。
एक बच्चा नदी में डूब गया। उसे बचाने के लिये वह पानी में कूद पड़ा।
一个小孩掉在河里，他立刻跳到水里救孩子。

需要说明的是，复合动词 पड़ना 与复合动词 उठना 虽然都表示"突然"，但由于两者本意不同，前者为"落"，后者为"起"，因此在与主要动词的搭配上也有所不同。पड़ना 常与表示向下动作的动词连用，而 उठना 常与表示向上动作的动词连用。

2. 不定数词

印地语中不定数词除少数简单不定数词，如 कुछ, अनेक, बहुत 等，或由基数词连用构成的，如 दो-तीन, चार-पांच, दस-आठ, दस-बाहर 等以外，还有一种是由基数词的集数形式构成的，这些基数词多为十以上的整数，如 बीसों（几十），सैकड़ों（几百，成百上千），हज़ारों（几千，成千上万），लाखों（数十万，千千万万），करोड़ों（千百万）等。例如：

सैकड़ों आदमी　　　　数百人，成百上千人
हज़ारों वर्ष पहले　　　几千年前

लाखों रुपये　　数十万卢比

कहावतें

चाहे मुर्ग़े बांग न दें भी सबेरा होगा।

(公鸡不打鸣儿，天还是要亮的。)

जैसा पिता वैसा पुत्र।

(有其父必有其子。)

अभ्यास

1. उच्चारण कीजियेः

चन्द्रशेखर	जन्म	हिम्मत	भयंकर	हत्याकांड
वर्णन	विरुद्ध	गांधी	मजिस्ट्रेट	स्वाधीनता
संगठन	स्टेशन	घोषित	नेतृत्व	सुपरिण्टेण्डेण्ट
ओट	आड़	प्रतिज्ञा	वीरात्मा	श्रद्धांजलि
बेड़ी	मध्यप्रदेश			

2. निम्नलिखित वाक्यों को पढ़िये और उन्हें रटने की कोशिश कीजियेः

(1) बचपन से ही वे बहुत साहसी थे।

(2) यद्यपि वे अभी बालक ही थे, फिर भी पुलिस ने उन्हें गिरफ़्तार कर लिया।

(3) क्रांतिकारी दल के सामने सब से बड़ी समस्या यह थी कि संगठन के लिये धन कहां से मिले।

(4) उन्हें पकड़ने के लिये बड़ा इनाम घोषित किया गया।

（5）बाकी लोगों पर मुकदमा चलता रहा और चन्द्रशेखर आज़ाद झांसी के आसपास के स्थानों में छिपे रहे और गोली चलाने का अभ्यास करते रहे।

3. निम्नलिखित वाक्यों का विश्लेषण कीजिये और फिर उन का चीनी में अनुवाद कीजिये:

（1）उन्होंने साथियों से कहा कि एक सलाई से जब इतनी रोशनी होती है तो सब सलाइयों के एक साथ जलाये जाने से न मालूम कितनी रोशनी होगी।

（2）सब साथी इस प्रस्ताव पर खुश हुए, पर किसी की हिम्मत नहीं पड़ी कि इतनी सारी सलाइयों को एक साथ जलाये, क्योंकि रोशनी के साथ सलाई में तेज़ आंच भी होती है।

（3）चन्द्रशेखर जब दस-ग्यारह वर्ष के थे तब जलियांवाला बाग का भयंकर हत्याकांड हुआ, जिस में सैकड़ों निरपराध भारतीयों को गोली का शिकार होना पड़ा।

（4）यद्यपि उन की अवस्था छोटी ही थी तो भी भारतीय राजनीति में उन की रुचि जग गई और वे भी अंग्रेज़ों के विरुद्ध कुछ कर दिखाने के उपाय सोचने लगे।

（5）आज़ाद जिस स्थान पर शहीद हुए, वहां उन की एक प्रतिमा स्थापित की गई। वहाँ जाने वाला हर व्यक्ति उस वीरात्मा को श्रद्धांजलि अर्पित करता है, जिस ने अपनी जन्मभूमि की पराधीनता की बेड़ियों को काटने के लिये अपना जीवन सहर्ष बलिदान कर दिया।

4. नीचे दिये वाक्यों के अर्थ स्पष्ट कीजिये:

（1）वे जिस काम को करना चाहते थे, उसे करके ही दम लेते थे।

（2）इसीलिये दल की ओर से सन् 1925 ई. में उत्तर प्रदेश में काकोरी स्टेशन

दसवां पाठ   अमर शहीद चंद्रशेखर आज़ाद

के निकट चलती रेल-गाड़ी को रोककर सरकारी ख़ज़ाना लूट लिया गया।

(3) इस घटना के होते ही ब्रिटिश सरकार की ओर से गिरफ़्तारियां होने लगीं, पर आज़ाद को गिरफ़्तार न किया जा सका।

(4) आज़ाद ने भी ठान लिया था कि मुझे कोई जीवित नहीं पकड़ सकेगा, मेरी लाश को ही गिरफ़्तार किया जा सकता है।

(5) अब उत्तर भारत के क्रांतिकारी दल के नेतृत्व का पूरा भार आज़ाद पर आ पड़ा।

5. निम्नलिखित शब्दों या मुहावरों का अपने वाक्यों में प्रयोग कीजिये।

(1) जन्म होना
(2) के विरुद्ध
(3) गिरफ़्तार करना(होना)
(4) के आसपास
(5) आहुति देना
(6) प्रतिज्ञा निभाना
(7) दम लेना
(8) आंदोलन चलाना
(9) विख्यात होना
(10) शहीद होना
(11) सदा के लिये
(12) जीवन(का)बलिदान करना

6. नीचे दिये शब्द-समूहों का अर्थ हिन्दी में बताइयेः

找机会   有结果
头发痒   伤脑筋
作记号   打耳光
起作用   天晓得
挨巴掌   有办法
遭不幸   有声望

7. निम्नलिखित विशेषणों के लिये संज्ञाएं दीजिये:

साधारण   साहसी   भयंकर   सैकड़ों   विख्यात
क्रांतिकारी

8. निम्नलिखित कहानी का हिंदी में अनुवाद कीजिये:

　　同学们，今天我要给大家讲的是关于阿扎德的故事。阿扎德的名字你们大概都听说过吧。他是印度独立运动的一位勇敢的战士。他为反对英国的统治，为祖国的自由献出了自己的生命。在他牺牲的地方，人们为他树立了一座雕像。凡是经过那里的人都向他表示哀悼。

　　阿扎德出生在中央邦一个普通农民的家庭里。他从小就非常勇敢。他的伙伴们常常为他的勇气感到惊讶。在他十一二岁的时候，他就对印度的政治发生了兴趣。他参加了甘地发起的运动，并因此被捕。

　　获释以后，他受到革命者更多的影响，并加入了他们的组织。当时，为了取得经费，革命者劫了国库。事后，有许多人被捕。英国政府曾悬赏重金捉拿他，但没有成功。

　　1931年2月27日，上午10点钟。阿扎德和一位同志在阿拉哈巴德的一座公园里谈话，被两名警察发现了。警察报告了秘密警察，警长立即驱车来到公园。看到警车阿扎德的那位同志跑掉了，可他未能逃脱。警长向他走来，双方同时开了枪。警长的子弹打在阿扎德的大腿上，阿扎德击中了警长的手腕。于是，警长的手枪掉在地上，他便躲藏在一棵大树后面。战斗进行了一个小时。阿扎德的子弹快要打光了，他把最后一颗子弹留给了自己。这位伟大的战士就这样英勇地牺牲了。

दसवां पाठ   अमर शहीद चंद्रशेखर आज़ाद

9. निम्नलिखित प्रश्नों के उत्तर दीजिये:

(1) चंद्रशेखर आज़ाद का जन्म कहां और किस परिवार में हुआ था?

(2) उन के बचपन के बारे में एक उदाहरण देकर कुछ बताइये।

(3) जब वह दस-ग्यारह के थे तब भारत में जो भयंकर हत्याकांड हुआ, उस के बारे में आप क्या जानते हैं? कुछ बताइये।

(4) उस दर्दनाक घटना का वर्णन सुनकर उन्होंने क्या सोचा?

(5) उन को पुलिस ने क्यों गिरफ़्तार किया?

(6) कचहरी में मजिस्ट्रेट ने उन से क्या-क्या पूछा और उन्होंने क्या उत्तर दिये?

(7) वे किस तरह क्रांतिकारी दल में शामिल हुए?

(8) उन दिनों क्रांतिकारियों के सामने सब से बड़ी समस्या क्या थी? उस समस्या को हल करने के लिये उन्होंने क्या किया?

(9) उन्हें पकड़ने के लिये ब्रिटिश सरकार ने क्या किया?

(10) इस के विरुद्ध चंद्रशेखर आज़ाद ने क्या किया?

(11) चंद्रशेखर आज़ाद किस तरह शहीद हुए? इस का पूरा वर्णन कीजिये।

(12) चंद्रशेखर आज़ाद को महान योद्धा क्यों कहते हैं?

(13) उन के देहान्त के बाद लोगों ने क्या किया?

(14) इस पाठ को सीखकर आप को क्या शिक्षा मिली?

10. इस पाठ का सारांश अपने शब्दों में सुनाइये।

11. इस पाठ के अंतिम भाग को---"सन् 1932 ई की .27 फ़रवरी की बात है" से अंत तक रटकर सुनाइये।

12. चीन के किसी क्रांतिकारी शहीद की कहानी लिखिये।

ग्यारहवाँ पाठ
सोने की मछली (१)

एक झील के किनारे पति-पत्नी रहते थे। वहीं पर उन्होंने अपनी झोंपड़ी बना ली थी। झील बहुत बड़ी थी और उसमें अनेक किस्म की ढेर सारी मछलियाँ थीं। अन्य मछुआरे भी इस झील से मछली पकड़ते थे और बाज़ार में बेचकर अपना पेट पालते थे।

इस दम्पति का भी यही रोज़गार था। पति मेहनती, ईमानदार, सच्चा और सज्जन था परन्तु दुर्भाग्य से उस की पत्नी उससे बिल्कुल उलटी थी। शादी के प्रारंभ से ही उसने अपने पति को अपना गुलाम बनाने में ही सार्थकता समझी। वह बहुत कड़वा बोलती थी। ज़रा-ज़रा सी बात पर पति को डांटना, लड़ना-झगड़ना उस का नित्य का काम हो गया था। शुरू में पति ने अपना विरोध किया, परन्तु जग-हँसाई के डर से उसने पत्नी के सामने समर्पण कर दिया और उस ग़रीब की जवानी तो जैसे-तैसे कड़वे बोल सुनते बीत गई, अब बुढ़ापे के दिनों में भी उस की पत्नी उतनी ही कर्कशा थी। बूढ़ा पति उतनी मेहनत नहीं कर पाता था फिर भी पत्नी के डर से बेचारा अपनी हड्डियाँ घिसता था। वह प्रायः मुँह अँधेरे ही घर से निकल जाता और झील में जाल फेंककर मछली पकड़ने का काम शुरू कर देता था। दिन भर मेहनत कर रात को सारी कमाई पत्नी के हाथ में रख देता था, उसके बदले में उसे

ग्यारहवाँ पाठ सोने की मछली (१)

रूखा-सूखा खाना और सुनने को बड़ी-बड़ी गालियाँ मिलती थीं। वह बहुत दुःखी और उदास रहता था।

एक बार इस क्षेत्र में वर्षा नहीं हुई। झील में बहुत कम पानी रह गया। मछलियाँ भी बहुत कम रह गईं। ऐसी परिस्थिति में मछली पकड़ना बहुत मुश्किल हो गया। परन्तु इस बूढ़े को और कोई काम नहीं आता था। इन दिनों उस की पत्नी उसे बहुत डाँटती-फटकारती और दुत्कारती थी।

एक दिन बूढ़ा सुबह से ही भूखा-प्यासा जाल उठाकर झील के किनारे चला गया और मछली पकड़ने का प्रयत्न करने लगा। परन्तु सैकड़ों बार जाल फेंकने और खींचने के बाद भी उसे एक भी मछली नहीं मिली। वह बहुत दुःखी हुआ, और उसने कातर वाणी में जल देवी से प्रार्थना की, "हे माँ, मेरी लाज रखना, यह अन्तिम जाल मैं पानी में फेंक रहा हूँ, मैं कभी भी तेरे तट से खाली हाथ नहीं लौटा हूँ, फिर आज ऐसा अनर्थ क्यों है? " उसने भारी मन से अन्तिम जाल फेंका और बड़ी आशा से जाल को धीरे-धीरे खींचा तो उसने देखा कि जाल में मात्र एक छोटी-सी मछली है। परन्तु यह मछली सोने की थी। ऐसी मछली उसने पहले कभी नहीं देखी थी। पत्नी का डर तो उसे था ही, ख़ैर उसने मछली को टोकरी में डाला और घर की ओर चल दिया।

रास्ते में मछली ने बूढ़े से प्रार्थना की, "तुम मुझे वापस छोड़ दो, मैं तुम्हारी हर सहायता करूँगी।" बूढ़े ने कहा, "मैं तुम्हें कैसे छोड़ सकता हूँ, सारे दिन में एक मात्र तुम ही तो मिली हो और फिर ख़ाली हाथ देखकर तो मेरी पत्नी तूफ़ान खड़ा कर देगी। मेरा जीना दुश्वार कर देगी।" सोने की मछली ने कहा, "तुम ने जल देवी से प्रार्थना की थी, अतः मैं तुम्हारी सहायता के लिए आई हूँ, मुझे पकड़कर घर मत ले जाओ।" बूढ़े को बात जंच गई और उसने मछली को फिर ले जाकर झील में छोड़ दिया। सोने की मछली ने धन्यवाद दिया और हर मुश्किल में सहायता देने का वचन दिया।

(शेष अगले पाठ में)

शब्दावली

पति（阳）丈夫

---पत्नी 夫妻

ढेर（阳）堆，群

---सारा（形）成群的，极多的

मछुआरा（阳）渔夫

पालना（及）抚养；饲养

पेट--- 糊口，度日

दम्पति（阳）夫妇

रोज़गार（阳）职业，生计

मेहनती（形）勤劳的

ईमानदार（形）诚实的

सच्चा（形）真诚的，诚恳的

सज्जन（形）品德高尚的，文雅的

दुर्भाग्य（阳）不幸，倒霉

उलटा（形）相反的

शादी（阴）结婚

गुलाम（阳）奴隶

सार्थकता（阴）有意义，有成效

कड़वा（形）苦的，辛辣的，尖刻的

---बोलना 说话尖刻

डाँटना（及）斥责，训斥

लड़ना-झगड़ना（不及）争吵

नित्य（形）经常的，日常的，每日的

（副）经常，每日

---का 经常的，日常的

विरोध（阳）反对，反抗

जग-हँसाई（阴）遭人耻笑，名声扫地

समर्पण（阳）投降

के सामने---करना 向……投降

जवानी（阴）青春，青春时期

जैसे-तैसे（副）很费力地；勉强地

बोल（阳）言语，言词；讲话

बुढ़ापा（阳）老年

कर्कशा（形）好吵闹的（女人）

बेचारा（阳）可怜的人，可怜虫

घिसना（及）磨，摩擦

हड्डियाँ--- 做艰苦劳动，吃苦受累

अँधेरा（阳）黑暗

मुँह अँधेरे 黎明前，天不亮

फेंकना（及）投，抛

कमाई（阴）挣得的钱，收入

बदला（阳）交换，酬报；抵偿

के बदले में 作为交换，作为报答

रूखा（形）干的，干硬的

---सूखा 干的，干硬的

रहना（不及）剩下

फटकारना（及）斥责，骂

डांटना-फटकारना 斥责，责骂

दुत्कारना（及）赶走，驱赶

प्यासा（形）渴的，口渴的

भूखा---（形）没吃没喝的，又饿又渴的

कातर（形）哀伤的，悲哀的

जल（阳）水

---देवी 水神

प्रार्थना（阴）恳求，乞求

से---करना 向……恳求，乞求……

लाज（阴）名誉，荣誉

की---रखना 维护……荣誉

तट（阳）岸

अनर्थ（阳）不幸，灾祸

टोकरी（阴）篮子

चल देना（不及）出发，动身

तूफ़ान（阳）暴风雨；混乱

---खड़ा करना 闹事，大吵大闹

दुश्वार（形）困难的，艰苦的

---करना 使困难，使难以……

जँचना（不及）觉得合适（对）

वचन（阳）诺言

का---देना 许诺……，答应……

टिप्पणियाँ

1. ज़रा-ज़रा-सी बात पर पति को डाँटना, लड़ना-झगड़ना उस का नित्य का काम हो गया था।

ज़रा为表示数量的不变形形容词，意思是“小的”“少的”“一点”。ज़रा-ज़रा意为“一点点”。

2. शुरू में पति ने अपना विरोध किया…

　　这里अपना विरोध करना意思是"表示（自己的）反抗"，若是"反对自己"，应说 अपने आप का विरोध करना。

3. दिन भर मेहनत कर रात को सारी कमाई पत्नी के हाथ में रख देता था।

　　句中मेहनत कर为完成分词省略के。

4. …और सुनने को बड़ी-बड़ी गालियाँ मिलती थीं।

　　句中सुनने को मिलना 意为"听到"。"看到"则可说 देखने को मिलना，例如：

वहाँ बहुत-सी इमारतें देखने को मिलती हैं।
那里可以看到许多建筑物。

5. परन्तु इस बूढ़े को और कोई काम नहीं आता था।

　　这里आना意为"会""懂"。逻辑主语须加को，又如：

तुम को हिन्दी आती है?
你会印地语吗？
मुझे साइकिल चलाना नहीं आता।
我不会骑自行车。

6. उस ने देखा कि जाल में मात्र एक छोटी-सी मछली है।

　　句中मात्र即केवल。相对来说，मात्र使用较少，尤其在口语中。

ग्यारहवाँ पाठ   सोने की मछली (१)

7. पत्नी का डर तो उसे था ही, ख़ैर उसने मछली को टोकरी में डाला और घर की ओर चल दिया।

（1）डर होना 的逻辑主语要加 को。

（2）ख़ैर 本意为"好""安好"。这里用作感叹词，有"也好""算了""就这样吧""走着瞧吧"等意义，例如：

ख़ैर, उस को जाने दो।　　　　　　算了，让他去吧。

ख़ैर, कुछ न कुछ तो मिल ही गया।　　也好，总算有点收获。

（3）चल देना 用作不及物动词，性数与主语一致。

8. सारे दिन में एक मात्र तुम ही तो मिली हो और फिर ख़ाली हाथ देखकर तो मेरी पत्नी तूफ़ान खड़ा कर देगी।

（1）एक मात्र 用作定语，意思是"唯一的"，又如：

एक मात्र उपाय यही है।　　这就是唯一的办法。

（2）और फिर 意为"何况""况且"，例如：

आप जाएँ या न जाएँ, कोई हर्ज नहीं, पर मेरा जाना ज़रूरी है, क्योंकि उस से मिलने का यह मेरा पहला अवसर है, और फिर मैं ने वचन दिया था।

您去不去，没关系，我是必须去一趟的，因为这是我第一次同他见面，何况我答应过要去的。

आशा तो बड़ी चीज़ होती है, और फिर बच्चों की आशा।

"希望"本来就是一件伟大的东西，何况是孩子们的希望呢。

9. ..., मुझे पकड़कर घर मत ले जाओ।

否定句中含有完成分词时，其否定意义包含完成分词在内，而不只是否定谓语动词，比如本句的意思不是"捉住我以后不要带回家去"，而是"不要把我捉回家去"。又如：

जो उपन्यास वह चाहता था, उसे ख़रीदकर मैं ने उस को नहीं दिया।
他要的那本小说，我没有买来给他。

10. दुर्-（梵）

前缀，表示"坏""难"。如：

भाग्य---दुर्भाग्य　　　　不幸
दशा--- दुर्दशा　　　　　恶劣的状况
उपयोग---दुरुपयोग　　　滥用

 व्याकरण

1. 现在分词表示动作的持续

现在分词单独使用，作状语，表示某一时间过程中持续的动作。在这种句式中，主语往往是表示时间的名词。

分词所表示的动作的发出者若为有生名词时，须加后置词 को。分词可用简式，也可用复式，例如：

मुझे हिन्दी पढ़ते दो साल हो चुके हैं।
我学习印地语已经两年了。
आप को यह काम करते कितने दिन हो गए?
您做这活儿有多少天了？
यहाँ रहते हुए मेरी ज़िन्दगी गुज़री है।

我在这里住了一辈子。

दिन जाते देर नहीं लगती।

日子过得真快，光阴似箭，日月如梭。

有时分词可以叠用，更加强调动作过程的持续性。例如：

विद्यार्थियों को समर पैलेस में घूमते-घूमते चार घंटे हो गए।

学生们在颐和园游玩有四个小时了。

2. ही 用于句尾

语气词 ही 用于句尾，即谓语动词之后，表示"肯定""无疑""根本""本来"等意义，常与 तो 连用，例如：

आप सहमत हों या न हों, मैं तो ऐसा करूँगा ही।

不管您同意不同意，我是一定要这么做的。

वह ग़रीब तो था ही, फ़िर यह संकट सामने आया।

他本来就穷，又遇上这个困难。

कल शाम को मैं आप से मिलने गया था, पर आप घर पर थे ही नहीं।

昨天下午我去找您，可您根本没在家里。

कहावतें

कागज़ की नाव कब तक चलेगी।

（纸糊的船能行多久？）

जो तैरेगा सो डूबेगा।

（谁要游泳，就难免要喝上几口水；谁要工作，就难免要犯错误。）

 **अभ्यास**

1. उच्चारण कीजिये:

झील	झोंपड़ी	किस्म	ढेर	दम्पति	सच्चा
सज्जन	दुर्भाग्य	प्रारम्भ	डांटना	समर्पण	हड्डी
क्षेत्र	दुत्कारना	अनर्थ	दुश्वार	जंचना	वचन

2. निम्नलिखित वाक्यों को ऊंची आवाज़ से पढ़िये और उन्हें रटने की कोशिश कीजिये:

(1) अन्य मछुआरे भी इस झील से मछली पकड़ते थे और बाज़ार में बेचकर अपना पेट पालते थे।

(2) यह प्रायः मुँह अँधेरे ही घर से निकल जाता और झील में जाल फेंककर मछली पकड़ने का काम शुरू कर देता था।

(3) ऐसी परिस्थिति में मछली पकड़ना बहुत मुश्किल हो गया।

(4) परन्तु सैकड़ों बार जाल फेंकने और खींचने के बाद भी उसे एक भी मछली नहीं मिली।

(5) पत्नी का डर तो उसे था ही, ख़ैर उसने मछली को टोकरी में डाला और घर की ओर चल दिया।

3. नीचे दिए गए वाक्यों का अर्थ स्पष्ट कीजिये:

(1) इस दम्पति का भी यही रोज़गार था।

(2) ज़रा-ज़रा-सी बात पर पति को डांटना, लड़ना-झगड़ना उस का नित्य का काम हो गया था।

(3) बूढ़ा पति उतनी मेहनत नहीं कर पाता था फिर भी पत्नी के डर से बेचारा

अपनी हड्डियाँ घिसता था।

(4) परन्तु इस बूढ़े को और कोई काम नहीं आता था।

(5) एक दिन बूढ़ा सुबह से ही भूखा-प्यासा जाल उठाकर झील के किनारे चला गया और मछली पकड़ने का प्रयत्न करने लगा।

4. हिन्दी वाक्यों का विश्लेषण कीजिये और उन का चीनी में अनुवाद कीजियेः

(1) शादी के प्रारंभ से ही उसने अपने पति को अपना गुलाम बनाने में ही सार्थकता समझी।

(2) शुरू में पति ने अपना विरोध किया परन्तु जग-हँसाई के डर से उसने पत्नी के सामने समर्पण कर दिया और उस ग़रीब की जवानी तो जैसे-तैसे कड़वे बोल सुनते बीत गई, अब बुढ़ापे के दिनों में भी उस की पत्नी ही कर्कशा थी।

(3) वह बहुत दुःखी हुआ, और उसने कातर वाणी में जल देवी से प्रार्थना की, "हे माँ, मेरी लाज रखना, यह अन्तिम जाल मैं पानी में फेंक रहा हूँ, मैं कभी भी तेरे तट से खाली हाथ नहीं लौटा हूँ फिर आज ऐसा अनर्थ क्यों है?"

(4) उसने भारी मन से अन्तिम जाल फेंका और बड़ी आशा से जाल को धीरे-धीरे खींचा तो उसने देखा कि जाल में मात्र एक छोटी-सी मछली है।

(5) 'मैं तुम्हें कैसे छोड़ सकता हूँ, सारे दिन में एक मात्र तुम ही तो मिली हो और फिर ख़ाली हाथ देखकर तो मेरी पत्नी तूफ़ान खड़ा कर देगी।'

5. निम्नलिखित से वाक्य बनाइयेः

(1) पेट पालना   (2) दुर्भाग्य से

（3）विरोध करना
（4）जैसे-तैसे
（5）हड्डियाँ घिसना
（6）...के बदले में
（7）प्रार्थना करना
（8）चल देना
（9）तूफ़ान खड़ा करना
（10）एक मात्र

6. चीनी वाक्यों का हिन्दी में अनुवाद कीजिये:

（1）你跟我住一个房间有两年了吧？
（2）他在图书馆学习多久了？
（3）他们从一大早就练习舞蹈，练了有好几个小时了。
（4）我父亲干木工干了一辈子。
（5）老师，您教书有多少年了？
（6）我哥哥服兵役满三年了。

7. निम्नलिखित शब्द-समूहों का अर्थ हिन्दी में बताइये:

粗野的言语
相反的方向
无用的东西
可怕的声响
芳香的花木
不懂事的孩子
荒无人烟的地方
无辜的民众
其余的时间
出席的人
稀奇古怪的事情
闪闪发光的宝石

8. नीचे दिए शब्दों के पर्यायवाची बातइये:

हिम्मत　अवस्था　बालक　जीवित　अनेक　तट　प्रार्थना　प्रसन्न

9. चीनी का हिन्दी में अनुवाद कीजिये:

　　这是很久以前的事了。在印度的南方住着一个渔夫，他家附近有一个很大的湖，湖里有很多鱼，各种各样的鱼。他每天带着渔网到湖里去捕鱼，然后到市场上卖掉。他就是靠这个来生活的。

　　老渔夫很勤劳很老实，可他的老伴脾气很不好，常常为一点小事就发火骂他，虐待他。老渔夫因为怕别人耻笑，也就不跟她吵，一切都默默地忍受了。他虽然上了年纪，不能像年轻时那样干活了，可每天照样去捕鱼，把挣来的钱全部交给他老伴，而老伴给他吃的却是又干又硬的饼子。

　　就这样过了许多年。有一年，因为许久没有下雨，湖里的水很少了，鱼也不多了，所以捕鱼就更困难了。可是为了活命老渔夫没办法还得天天去捕鱼。一次，老渔夫在湖边坐了一天，也没捕到一条鱼。他很难过，很着急，捕不到鱼怎么行呢？于是，他一面撒下最后一次网，一面暗暗乞求水神帮助。当他拉上网来的时候，发现网里有一条很小的小鱼。他仔细一看，原来是条金鱼。这种鱼他从来没有见过。他想，金鱼也罢，银鱼也罢，总算捕到了一条鱼。于是他把金鱼装进篮子里回家去了。

　　路上，金鱼请求老渔夫把它放掉，送回湖里去。渔夫说："我好不容易捉到你，怎么能放掉呢？老伴看到我空手回来，又要大吵大闹，搞得我没法活了。"金鱼说："没关系，我是水神派来帮助你的。不要把我带回家去，我答应你，在任何困难情况下我都会帮助你。"老人被金鱼的话感动了，于是他把金鱼又放回到湖里去了。

10. निम्नलिखित प्रश्नों के उतर दीजियेः

(1) बूढ़ा मछुआरा कहाँ रहता था और वह अपना पेट किस तरह पालता था?

(2) बूढ़ा मछुआरा कैसा आदमी था?

(3) उस की पत्नी का स्वभाव कैसा था?

(4) क्या जवानी में बूढ़े ने अपनी पत्नी का विरोध किया था? फिर उस ने अपनी पत्नी के सामने क्यों समर्पण किया?

(5) क्या बुढ़ापे के दिनों में भी वह अपनी हड्डियाँ घिसता था? और क्यों?

(6) वह क्यों बहुत दुखी और उदास रहता था?

(7) वर्षा न होने से झील की क्या हालत हुई?

(8) जब बहुत प्रयत्न करने पर भी बूढ़े को एक भी मछली न मिली तब उस ने क्या किया?

(9) जब उस ने बड़ी आशा से अंतिम जाल को धीरे-धीरे खींचा तो उस ने क्या देखा?

(10) रास्ते में सोने की मछली ने बूढ़े से क्या प्रार्थना की?

(11) शुरू में बूढ़े ने मछली की प्रार्थना क्यों स्वीकार नहीं की?

(12) फिर उस ने मछली की बात क्यों मान ली?

11. इस पाठ के अंतिम दो पैराग्राफ़ों को रटकर सुनाइये।

12. कोई कहानी सुनाइये।

बारहवाँ पाठ
सोने की मछली (२)

बूढ़ा ख़ाली हाथ घर गया तो पत्नी के क्रोध की सीमा न रही। उसने बेहिसाब गालियाँ दीं, अपने भाग्य को कोसा और बूढ़े को घर से निकालने तक की धमकी दी। बेचारा बूढ़ा सब कुछ सुनता रहा। जब वह मक्कार पत्नी थक गई तो बूढ़े ने सोने की मछली पकड़ने और छोड़ने की बात सुनाई। इसे सुनकर वह फिर उबल पड़ी और पति को बेवकूफ़, जाहिल क्या कुछ नहीं कहा और अन्त में आदेश दिया कि वह मछली के पास जाए और उस के लिए खाने का प्रबंध करे।

दुःखी बूढ़ा गिरता-पड़ता झील के किनारे गया और सोने की मछली को आवाज़ दी। उसे अपनी दुःख-गाथा सुनाई और खाने के लिये माँगा। मछली ने कहा, "तुम अपने घर जाओ, सब कुछ मिलेगा।" बूढ़ा लौटा तो देखा कि उसकी टूटी-फूटी झोंपड़ी की जगह एक सुन्दर मकान था, इस में सब सुखसुविधाएँ और सब तरह की खाद्य सामग्री मौजूद थी। उस की पत्नी सजी धजी पति का इन्तज़ार कर रही थी। वह आज भी पति को डाँटने से बाज़ न आई और इस सौभाग्य का सेहरा खुद अपने सिर पर बाँधने लगी। उसने अपनी तारीफ़ आप की और बूढ़े को फटकारा, दुत्कारा। बूढ़े के मन में अपनी पत्नी के प्रति असीम क्रोध था परन्तु मन मारे वह चुप रहा।

अब उनके अच्छे दिन आ गए। खूब ऐशो-आराम से रहते हुए भी पत्नी का खुराफ़ाती दिमाग अपने पति को आराम से नहीं बैठने देता था। उसे जिस क्षण किसी चीज़ की आवश्यकता होती वह पति को आदेश देती और बूढ़ा सोने की मछली से कहता और वह चीज़ उन्हें प्राप्त हो जाती थी। इस पर भी पत्नी का व्यवहार पति के साथ अच्छा नहीं था।

एक दिन पत्नी ने सोचा ---"क्यों न मैं खुद उस सोने की मछली को अपने कब्ज़े में कर लूँ, ताकि मुझे पति के भरोसे न रहना पड़े और जो चाहूँ वह सीधा सोने की मछली से प्राप्त कर लूँ।"

उसने अपने बूढ़े पति को आदेश दिया कि आज वह सोने की मछली को घर लाए, हम उसकी खूब ख़ातिर करेंगे, आख़िर यह सब उसी का दिया हुआ ही तो है। बेचारा पति अपनी पत्नी को खूब अच्छी तरह समझता था। उस की लोभ, क्रोध और अहंकार की आदत से भी वाकिफ़ था। दुःखी मन से झील पर गया। सोने की मछली को आवाज़ दी। वह आई, उसने अपनी पत्नी का आदेश सुनाया। सोने की मछली ने आनाकानी की, परन्तु बूढ़े के अनुनय-विनय पर राज़ी हो गई। क्योंकि बूढ़ा जानता था कि पत्नी की इच्छा पूरी नहीं हुई तो वह उसे घर में भी नहीं घुसने देगी।

घर पहुँचने पर बूढ़े की पत्नी ने सोने की मछली को एक भगौने में पानी भरकर रख दिया और कहा, "आज से तुम्हें इसी भगौने में रहना पड़ेगा और मेरा कहना मानना पड़ेगा। आज से तुम मेरी बन्दी हो।" सोने की मछली ने उसे समझाने की कोशिश की और ऐसा न करने को कहा। पति ने भी रोका, परन्तु उस ज़िद्दी औरत ने अपने आगे किसी की नहीं सुनी। कुछ ही घंटों में वह सोने की मछली मर गई और तत्क्षण वह मकान-वैभव समाप्त हो गया और उस की जगह वह टूटी-फूटी झोंपड़ी रह गई।

बूढ़ा पति बहुत दुःखी हुआ। वह चुपचाप झील की ओर बढ़ा और पानी में छलाँग लगा दी। अब वह कर्कशा पत्नी अपने पति की अच्छाइयों को बखानती हुई पछाड़ें मार-मारकर रो रही थी।

बारहवाँ पाठ सोने की मछली (२)

शब्दावली

सीमा（阴）界限，限度
बेहिसाब（形）不可计算的，
　　　　　无数的
कोसना（及）诅咒，咒骂
भाग्य को --- 哀叹命苦，
　　　　　抱怨命苦
धमकी（阴）威吓，威胁
की ---देना 拿……威吓，
　　　　　以……相威胁
मक्कार（形）装出一副可怜相的，
　　　　　狡诈的
उबलना（不及）滚沸，沸腾
उबल पड़ना 突然发怒，大发脾气
जाहिल（形）没有文化
　　　　　头脑又笨的
आदेश（阳）指示，命令
---देना 指示，命令
गिरता-पड़ता（副）艰难地，
　　　　　跌跌撞撞地
गाथा（阴）诗歌；故事
दुख --- 痛苦经历，苦处，
　　　　　伤心事

टूटा-फूटा（形）破烂的，破碎的
सुविधा（阴）方便，便利
सुख-सुविधा 舒适，便利
　　　　　（条件，设备）
खाद्य（形）可食的，食用的
सामग्री（阴）物资，物品，
　　　　　材料
मौजूद（形）存在的，现存的
सजना-धजना（不及）修饰打扮
बाज़（形）失去的，被剥夺的
से ---आना 放弃；避开
सौभाग्य（阳）幸运
सेहरा（阳）（结婚时新娘新郎
　　　　　戴在头上的）花冠
बांधना（及）绑，系，
　　　　　戴（帽等）
सिर पर सेहरा --- 赞扬……，
　　　　　归功于……
असीम（形）无限的
मन मारना 压制住内心的感情，
　　　　　忍住悲痛，忍气吞声
ऐशो-आराम（阳）舒适，安乐

ख़ुराफ़ाती（形）使人不安的，制造纠纷的

व्यवहार（阳）行为，举动，待遇，对待

के साथ---होना 对待……

कब्ज़ा（阳）控制，掌握

कब्ज़े में करना 控制……，掌握……

भरोसा（阳）支持

के भरोसे（后）依靠

सीधा（副）直接地

ख़ातिर（阴）招待，款待

की---करना 招待……，款待……

अहंकार（阳）自傲，自高自大

वाकिफ़（形）了解的，熟悉的

से---होना 了解，熟悉

आनाकानी（阴）支吾

---करना 支吾

अनुनय（阳）请求，哀求

---विनय 殷切的恳求

राज़ी（形）同意的，赞成的

पर---होना 同意……

इच्छा（阴）愿望

---पूरी होना 愿望满足

भगौना（阳）（金属制的）盆，缸

बंदी（阴）女奴

ज़िद्दी（形）顽固的，固执的

औरत（阴）女人

तत्क्षण（副）立刻，顿时

वैभव（阳）财富，财产

छलांग（阴）跳跃；跃进

---लगाना 跳跃；跃进

अच्छाई（阴）好处；优点

बखानना（及）细说；夸奖

पछाड़（阴）（为洗干净将衣服放在石板上）摔打

पछाड़ें मार मार कर रोना 捶胸顿足，嚎啕大哭

🪷 टिप्पणियाँ

1. **इसे सुनकर वह फिर उबल पड़ी और पति को बेवकूफ़, जाहिल क्या कुछ नहीं कहा और अन्त में आदेश दिया कि वह मछली के पास जाए और मेरे लिये खाने का प्रबंध करे।**

   （1）क्या कुछ 是个习语，多用于否定句中；与 नहीं 连用，表示"很多""所有的"等意义，相当于汉语的"什么没有"。क्या कुछ 也可说 क्या क्या。例如：

   उन्होंने क्या कुछ नहीं कहा, क्या कुछ नहीं किया।
   他们什么话没说，什么事没干。(意思是什么话都说了，什么事都干了)

   मुझे धोखा मत दो। मैंने क्या क्या नहीं देखा।
   别骗我，我什么没见过。

   （2）आदेश देना 用于主从复合句的主句中，其从句须用虚拟语气。

2. **उस की पत्नी सजी-धजी पति का इन्तज़ार कर रही थी।**

   句中 सजी-धजी 为过去分词，作状语。

3. **उस ने अपनी तारीफ़ आप की…**

   句中 आप 为代词，意为"自己"。

4. खूब ऐशो-आराम से रहते हुए भी पत्नी का खुराफ़ाती दिमाग़ अपने पति को आराम से नहीं बैठने देता था।

现在分词（阳复）与 भी 连用，表示“虽然……”“尽管……”。例如：

इच्छा न होते हुए भी मुझे वह काम करना पड़ा।

尽管不愿意，那件工作我还是不得不干。

5. उसे जिस क्षण किसी चीज़ की आवश्यकता होती वह पति को आदेश देती...

（1）主句 वह पति को आदेश देती 中省略了相关词 उस क्षण。

（2）आवश्यकता होना 意为“需要”，其逻辑主语须加 को。例如：

मुझे एक कलम की आवश्यकता है।

我需要一支笔。

आप को वहां जाने की आवश्यकता नहीं।

您不必到那儿去。

6. इस पर भी पत्नी का व्यवहार पति के साथ अच्छा नहीं था।

（1）इस पर भी 意为“尽管如此”。

（2）按正常词序 पत्नी का व्यवहार 应在 पति के साथ 的后面。所以倒置，是为了强调 पत्नी का व्यवहार。

7. ...ताकि मुझे पति के भरोसे न रहना पड़े...

不定式与 पड़ना 连用表示“不得不”，用于否定句中表示“不必”。例如：

मैं सोचता था इस तरह आपको वहां न जाना पड़ेगा।

我想，这样您就不必到那儿去了。

8. सोने की मछली ने उसे समझाने की कोशिश की और ऐसा न करने को कहा।

कहना 的宾语补语须加 को 或 के लिए。例如：

अध्यापक जी ने हम से कल सुबह कापी देने को कहा था।

老师叫我们明天早上交作业。

9. परन्तु उस ज़िद्दी औरत ने अपने आगे किसी की नहीं सुनी।

句中 किसी की 后省略了 बात。

सुनना 作“听从”“接受”讲时，宾语 बात 常可省略，如：

उस ने लोगों की एक न सुनी।

别人的话他一句也不听。

10. बे-（乌）

前缀。置于乌尔都语前，表示“无”“不”。例如：

बे	+	हिसाब	→	बेहिसाब	无数的
बे	+	वक़ूफ़	→	बेवक़ूफ़	不明智的，愚蠢的
बे	+	कार	→	बेकार	无用的
बे	+	चारा	→	बेचारा	没有办法的；可怜的

तत्-（梵）

前缀。表示“那”“那个”。例如：

तत् + क्षण → तत्क्षण 即刻，当即
तत् + कालीन → तत्कालीन 当时的
तत् + पश्चात → तत्पश्चात 自那以后

व्याकरण

1. 动词过去时用于条件状语从句

动词陈述语气过去时，通常表示过去已经发生的事情，但用于条件状语从句中，则并不表示事情已经发生，而是表示将来条件一旦成为现实，主句中所述的情况就一定会发生。主句多用将来时。例如：

अगर मैं इस परीक्षा में फ़ेल हुआ, तो छुट्टियों में घर नहीं जाऊँगा।
如果我这次考试不及格，假期我就不回家了。
यदि आप को मेरी आवश्यकता हुई, तो मैं अवश्य आप की सहायता करूंगा।
如果您需要我，我一定会帮助您的。
अगर उस की फिर ऐसी ग़लती हुई, तो उसे माफ़ नहीं किया जाएगा।
他要是再犯这种错误，那就不原谅他了。

2. 语气词 तक

तक 主要用作后置词，表示时间或地点的终点；也可用作语气词，表示“甚至”。

语气词 तक 多用于名词或动词的后面。在肯定句里，तक 有“连……都”的意思；在否定句里，तक 则为“连……也不”的意思。

语气词 तक 用于名词后面时，名词不用带后形式。例如：

हाँ, मैं ने उस से ऐसी बात तक कही थी।

是啊，我连这种话都对他说了。

उस ने मेरा कपड़ा तक फाड़ डाला।

他连我的衣服都撕破了。

उस के घर में एक कुर्सी तक नहीं थी।

以前他家里连一把椅子都没有。

उस ने साफ़ इन्कार कर दिया, कुछ समझाया तक नहीं।

他一口拒绝了，连解释一下也没有。

कहावतें

आप मरे बिना स्वर्ग नहीं दीखता।

（自己不死，就看不到天堂；没有吃过苦，就不知道甜。）

कभी के दिन बड़े, कभी की रात बड़ी।

（祸福无常。）

अभ्यास

1. उच्चारण कीजियेः

भाग्य धमकी मक्कार प्रबंध गिरता-पड़ता टूटा-फूटा खाद्य सामग्री लोभ अनुनय-विनय तत्क्षण वैभव अच्छाई

2. निम्नलिखित वाक्यों को ऊंची आवज़ से पढ़िये और उन्हें रटने की कोशिश कीजियेः

（1）दुखी बूढ़ा गिरता-पड़ता झील के किनारे गया और सोने की मछली को

आवाज़ दी।

(2) बूढ़ा लौटा तो देखा कि उस की टूटी-फूटी झोंपड़ी की जगह एक सुन्दर मकान था, इस में सब सुख-सुविधाएं और सब तरह की खाद्य सामग्री मौजूद थी।

(3) उस ने अपनी तारीफ़ आप की और बूढ़े को फटकारा, दुत्कारा।

(4) उस ने अपने बूढ़े पति को आदेश दिया कि आज वह सोने की मछली को घर लाये, हम उस की खूब ख़ातिर करेंगे, आख़िर यह सब उसी का दिया हुआ ही तो है।

(5) सोने की मछली ने आनाकानी की, परन्तु बूढ़े के अनुनय-विनय पर राज़ी हो गई।

3. नीचे दिये वाक्यों के अर्थ स्पष्ट कीजिये:

(1) बूढ़ा ख़ाली हाथ घर गया तो उस की पत्नी के क्रोध की सीमा न रही।

(2) उसे जिस क्षण किसी चीज़ की आवश्यकता होती वह पति को आदेश देती और बूढ़ा सोने की मछली से कहता और वह चीज़ उन्हें प्राप्त हो जाती थी।

(3) इस पर भी पत्नी का व्यवहार पति के साथ अच्छा नहीं था।

(4) क्योंकि बूढ़ा जानता था कि पत्नी की इच्छा पूरी नहीं हुई तो वह उसे घर में भी नहीं घुसने देगी।

(5) सोने की मछली ने उसे समझाने की कोशिश की और ऐसा नहीं करने को कहा।

4. हिन्दी वाक्यों का विश्लेषण कीजिये, फिर इन का चीनी में अनुवाद कीजिये:

(1) इसे सुनकर वह फिर उबल पड़ी और पति को बेवकूफ़, जाहिल क्या कुछ नहीं कहा और अन्त में आदेश दिया कि वह मछली के पास जाए और उस

के लिए खाने का प्रबंध करे।

(2) वह आज भी पति को डांटने से बाज़ न आई और इस सौभाग्य का सेहरा खुद अपने सिर बांधने लगी।

(3) खूब ऐशो-आराम से रहते हुए भी पत्नी का खुराफ़ाती दिमाग़ अपने पति को आराम से नहीं बैठने देता था।

(4) एक दिन पत्नी ने सोचा क्यों न मैं खुद उस सोने की मछली को अपने कब्ज़े में कर लूं, ताकि मुझे पति के भरोसे न रहना पड़े और जो चाहूं वह सीधा सोने की मछली से प्राप्त कर लूं।

(5) बूढ़ा पति बहुत दुखी हुआ। वह चुपचाप झील की ओर बढ़ा और पानी में छलांग लगा दी। अब वह कर्कशा पत्नी अपने पति की अच्छाइयों को बखानती हुई पछाड़ें मार मार कर रो रही थी।

5. नीचे दिये वाक्यों का हिन्दी में अनुवाद कीजिये:

(1) 如果他们俩重新成为好朋友，大家都会高兴的。

(2) 要是我们迟到了，那就糟了。

(3) 如果身体垮了，你就什么也干不成了。

(4) 要是自行车在路上出了毛病，那怎么办？

(5) 他对我无话不说，连自己家里的事情也对我说。

(6) 他见到我好像不认识似的，连招呼都没打。

(7) 我把钱全买书了，现在连一分钱也没有了。

(8) 昨天他有很多工作要完成，忙得连吃饭的时间都没有。

6. निम्नलिखित शब्द-समूहों का अर्थ हिन्दी में बताइये:

筹办晚会	制造分裂
调解纠纷	开办工厂

栽花植树	养家糊口
护理病人	祝贺生日
捐款资助	扮演画家
失去知觉	维护声誉
悬赏缉拿	参加运动
中弹身亡	牺牲生命

7. निम्नलिखित शब्दों या मुहावरों को अपने वाक्यों में प्रयुक्त कीजिये:

（1）धमकी देना　　　　（8）बाज़ आना

（2）आदेश देना　　　　（9）आवश्यकता होना

（3）प्रबंध करना　　　（10）कब्ज़े में करना

（4）की जगह　　　　（11）के भरोसे

（5）मौजूद होना　　　（12）ख़ातिर करना

（6）इन्तज़ार करना　　（13）राज़ी होना

（7）तारीफ़ करना　　　（14）इच्छा पूरी होना

8. चीनी का हिन्दी में अनुवाद कीजिये:

　　看到丈夫空手而归，老太婆怒不可遏，便对他破口大骂，甚至威胁要把他赶出家去。最后她命令丈夫马上去找金鱼，要金鱼给她准备饭食。

　　老渔夫没办法只好又去找金鱼。听了老渔夫的诉苦后，金鱼对他说："好了，你回家去吧。你想要的东西都会有的。"老人回到家一看，大吃一惊，他的小茅屋不见了，出现在眼前的是一座非常漂亮的房子，里面吃的用的样样都有。他的妻子看到他，不仅没有感谢他，反而又把他训斥了一顿。老人心里很生气，可他什么也没说，默默地忍受了。

现在，他们的生活虽然很舒适，可老太婆仍然不让丈夫休息。她常常让丈夫去找金鱼讨她需要的东西。

一天，老太婆想，我不能光依靠丈夫，我要把金鱼放在家里，想要什么就直接向它要。她把这个想法告诉了丈夫，并吩咐他马上把金鱼带回家。老渔夫知道她的脾气，他怎么敢不听她的话呢？

渔夫把金鱼带回家来以后，老太婆把金鱼放在一个盆子里，里面装满水，然后对金鱼说："从今天起你就是我的女奴了。我让你干什么你就得干什么。"金鱼向她解释，告诉她不要这样做。可她谁的话也不听。结果没多久金鱼就死了。金鱼一死，那座漂亮房子也不见了，剩下来的还是那间破烂的茅草屋。

9. प्रश्नों के उत्तर दीजियेः

(1) जब बूढ़ा ख़ाली हाथ घर आया तो उस की पत्नी ने क्या किया?

(2) पत्नी ने अपने पति को बेवकूफ़, जाहिल आदि क्यों कहा?

(3) बूढ़ा मछुआरा फिर सोने की मछली के पास क्यों गया?

(4) जब सोने की मछली ने बूढ़े की दुख-गाथा सुनी तो उस ने क्या कहा?

(5) जब बूढ़ा घर लौटा तो उस ने क्या देखा?

(6) इस पर पत्नी ने क्या कहा?

(7) बूढ़ा मछुआरा अच्छे दिनों में भी आराम से क्यों नहीं बैठ पाता था?

(8) पत्नी ने क्या सोचकर अपने पति को आदेश दिया कि वह सोने की मछली को घर ले आए?

(9) जब बूढ़ा पति अपनी पत्नी को खूब अच्छी तरह समझता था तो क्यों उस की बात मान गया?

（10）बूढ़े की पत्नी ने सोने की मछली को कहां रखा और उस से क्या कहा?

（11）इस पर सोने की मछली और बूढ़े पति ने क्या किया?

（12）फिर बूढ़े की पत्नी ने क्या किया?

（13）जब सोने की मछली मर गई तो उस सुन्दर मकान को क्या हुआ?

（14）इस कहानी पर अपने विचार प्रकट कीजिये।

10. इस कहानी का सारांश अपने शब्दों में सुनाइये।

11. इस पाठ के अंतिम दो पैराग्राफ़ों को रटकर सुनाइये।

12. किसी भी विषय पर एक छोटी कहानी लिखिये जिस की शब्द-संख्या तीन सौ से कम न हो।

तेरहवाँ पाठ

होटल और धर्मशाला

ध्यान से देखा जाए तो एक ही उद्देश्य से निर्मित इन दो संस्थाओं के पीछे भिन्न-भिन्न आदर्श छिपे हैं।

होटल के मूल में व्यापार की भावना मुख्य है। आप पैसे ख़र्च कीजिये और आप के ठहरने का प्रबंध हर जगह मौजूद है---जितनी शक्कर डालियेगा, उतना मीठा होगा। पश्चिम में यात्रा की आवश्यकता के कारण होटल की संस्था ने खूब उन्नति की है। पहाड़ की चोटियों पर, समुद्र के किनारे, शहरों और गाँवों में, जहाँ भी यात्री जाना चाहते हैं वहाँ होटल मौजूद हैं। पैसा ज़रूर ड्योढ़ा-दुगुना ख़र्च होता है, लेकिन आराम आप को पूरा मिल सकता है---सफ़ेद चादर वाला गुदगुदा पलंग, गद्देदार कोच और कुर्सियाँ, फ़र्श पर बढ़िया कालीन, गरम और ठंडे पानी के पाइप, जिनके पास ही हाथ धोने और पोंछने के लिये साबुन और तौलिया भी रक्खा है। कपड़ा टाँगने के लिये अलमारी रखी है। हजामत बनाने के लिये अलग और लिखने-पढ़ने के लिये अलग मेज़ हैं। बिजली की रोशनी और पंखे का तो सवाल ही नहीं। अगर आपने पैसे कुछ ज़्यादा खर्च किये हैं तो आप के सिरहाने नौकर को बुलाने की घंटी लगी है। लेटे ही लेटे आप चाय, काफ़ी, अख़बार चाहे जो भी मंगवा सकते हैं। आप के कमरे से मिला हुआ पाख़ाना, पेशाब-घर व बाथरूम

भी हो सकता है। मतलब यह कि कोई भी आवश्यकता ऐसी नहीं है जिस का प्रबंध होटल में न हो सके। सवाल बस पैसा ख़र्च करने का है। अगर आप के पास काफ़ी पैसे हैं तो रेल के डिब्बे में ही होटल का आदमी आपका स्वागत करने को मौजूद मिलेगा, स्टेशन के बाहर होटल की मोटर आप को लेने को खड़ी होगी, लेकिन अगर आप के पास पैसे नहीं हैं तो आप का राम मालिक है।

यात्रियों की सुविधा के लिये धर्मशाला भारत की अपनी प्राचीन संस्था है। राजधानी, तीर्थ-स्थान व वाणिज्य के केन्द्रों में धर्मशाला बनवाना, कुआँ खुदवाना और बाग लगवाना प्रत्येक धनी स्त्री-पुरुष के जीवन का एक लक्ष्य रहता था। इसी के फलस्वरूप आज भी सैकड़ों धर्मशालाएँ जगह-जगह देखने को मिलती हैं, जिसमें यात्री बिना एक पैसा ख़र्च किए एक, दो, तीन दिन आराम से ठहर सकते हैं। धर्मशाला के आँगन में ही कुआँ होगा, जिस पर एक डोल रस्सी पड़ी होगी। बिना कुछ दिए नहाने-धोने और पीने के पानी की चौबीसों घंटे सुविधा है। धर्मशाला का दरवाज़ा अमीर-गरीब, शहरवाले व ग्रामीण, स्त्री-पुरुष, साधु-गृहस्थ प्रत्येक के लिये समान रूप से खुला है। यह सच है कि आजकल की हमारी धर्मशालाओं में बहुत-सी त्रुटियां घुस पड़ी हैं। कुछ धर्मशालाएं केवल जाति विशेष के लोगों के लिये निर्दिष्ट हैं। कुछ के रखवाले बिना हाथ गरम किए कोठरी खोलने में बीस बहाने करते हैं। कुछ में सफ़ाई का पूरा प्रबंध नहीं है। इस के अतिरिक्त आधुनिक आवश्यकताओं के अनुरूप धर्मशालाओं के प्रबंध में पर्याप्त विकास तथा अनेक परिवर्तन होने चाहियें। वास्तव में यह संस्था प्राचीन भारतीय सभ्यता के एक उच्चतम आदर्श का अवशिष्ट चिह्न है।

(धीरेन्द्र वर्मा के मूल से संक्षिप्त)

शब्दावली

निर्मित（形）被建造的
भिन्न-भिन्न（形）各不相同的
आदर्श（阳）理想
मूल（阳）根基，本质
व्यापार（阳）商业，生意
शक्कर（阴）糖，白糖
ड्योढ़ा（数）一倍半；加半倍
दुगुना（数）两倍，加一倍，加倍
गुदगुदा（形）软的，柔软的
गद्देदार（形）有软垫的
कोच（阳）卧椅，沙发
फ़र्श（阳）地板，平整的经过加工的地面
कालीन（阳）地毯
पाइप（阳）（英）管子
पोंछना（及）擦
हजामत（阴）理发，刮脸
---बनाना　理发，刮脸
अलग（形）单独的，另外的
बिजली（阴）电
पंखा（阳）扇子，风扇
सिरहाना（阳）床头
के सिरहाने　在……床头
नौकर（阳）仆人，佣人
घंटी（阴）铃
लगना（不及）安装，装置
मंगवाना（及）打发……去买，派……去要
पाख़ाना（阳）厕所，大便所
पेशाब-घर（阳）厕所，小便所
बाथरूम（阳）浴室
मतलब（阳）意义，意思
बस（副）只是，仅仅
काफ़ी（形）足够的
डिब्बा（阳）车厢
लेना（及）接，迎接
मालिक（阳）主人
वाणिज्य（阳）商业，贸易
कुआँ（阳）井
खुदवाना（及）（खोदना 的致使）使挖，使挖掘
लक्ष्य（阳）目标
के फलस्वरूप（后）由于……的结果

जगह-जगह（副）处处，各地
आँगन（阳）庭院，院子
डोल（阳）桶，铁桶
चौबीस（数）二十四
चौबीसों घंटे 二十四小时，昼夜
साधु（阳）出家人，苦修者
गृहस्थ（阳）结婚成家，
　　　　　（居家）之人
समान（形）同样的
---रूप से 同样的
खुलना（不及）开，敞开
त्रुटि（阴）缺点，缺陷
निर्दिष्ट（形）指定的，确定的
गरम（形）热的
हाथ---करना 给钱，行贿
कोठरी（阴）小房间，小屋

बहाना（阳）借口，托辞
---करना 找借口
सफ़ाई（阴）清洁；清扫
के अतिरिक्त（后）除……之外
आधुनिक（形）现代的
के अनुरूप（后）按照……，
　　　　　适应……
पर्याप्त（形）足够的，充分的
परिवर्तन（阳）变化，改变
वर्तमान（形）现在的，现存的，
　　　　　当前的
वास्तव（阳）实际，实在
---में 实际上
उच्चतम（形）最高的
अवशिष्ट（形）剩下的，残余的
चिह्न（阳）记号，符号，标志

 टिप्पणियाँ

लेखक-परिचय—— डाक्टर धीरेन्द्र वर्मा वर्तमान काल के हिन्दी के प्रसिद्ध लेखकों में से एक हैं। "हिन्दी भाषा का इतिहास" आप का प्रसिद्ध ग्रंथ है।

तेरहवाँ पाठ　होटल और धर्मशाला

1. ध्यान से देखा जाए तो एक ही उद्देश्य से निर्मित इन दो संस्थाओं के पीछे भिन्न-भिन्न आदर्श छिपे हैं।

（1）ध्यान से देखा जाए意思是"如果仔细观察一下的话"，这里用被动语态是因为动作的发出者无须指出。

（2）एक ही这里意为"一样的""同样的"。

（3）छिपे为过去分词做表语，省略了हुए。本文还有几处同样的用法，请注意。

2. आप पैसे ख़र्च कीजिये और...

（1）आप是对"读者"讲的，泛指"任何人"。

（2）पैसे此处意为"钱"。本文中有时用पैसा，也是指"钱"。

（3）आप पैसे ख़र्च कीजिये और...，意思是"如果您肯花钱，那么……"，

此处的और也可用तो。

祈使语气用于条件从句或者类似的句子中，表示假设的情况，又如：

आप जाइये तो आप को बड़ा आनन्द मिलेगा।

您要是去的话，一定会很高兴的。

3. जितनी शक्कर डालियेगा, उतना मीठा होगा।

这是句谚语，直译为"放多少糖，就有多甜"，意思是"花多少钱，就能买到多少东西""付出的越多，收获的也就越多"。

4. ...जहाँ भी यात्री जाना चाहते हैं वहाँ होटल मौजूद हैं।

句中的 जहाँ भी 意思是"不管什么地方""任何地方",又如:

हम जहाँ भी गए, वहाँ हमारा बड़ा स्वागत हुआ।
我们所到之处都受到热烈欢迎。

5. पैसा ज़रूर ड्योढ़ा-दुगुना ख़र्च होता है, लेकिन आराम आप को पूरा मिल सकता है...

句中的 पूरा 为 आराम 的定语,按照正常语序,应为 आप को पूरा आराम मिल सकता है,将 आराम 提前,是为了将 आराम 置于突出的地位,以示强调,又与前句 पैसा 的位置相呼应。

6. सफ़ेद चादर वाला गुदगुदा पंलग...

后置词 वाला 在这里表示具有某种特征,意思是"有……的""带有……的"。又如:

पुस्तकों वाला मकान　　　放书的房子,图书馆
कालीन वाली फ़र्श　　　铺地毯的地面

7. ...गरम और ठंडे पानी के पाइप, जिन के पास ही हाथ धोने और पोंछने के लिये साबुन और तौलिया भी रक्खा है।

(1) रक्खा 即 रखा,现在一般将 रक्खा 写作 रखा,但读音仍以 रक्खा 为标准。

(2) रक्खा 为过去分词作表语,省略 हुआ,与 होना 连用,意思是"被放着",即"放着"。

तेरहवाँ पाठ   होटल और धर्मशाला

8. लेटे-ही-लेटे आप चाय, काफ़ी, अख़बार चाहे जो भी मंगवा सकते हैं।

चाहे जो भी即जो भी（आप का जी）चाहे（वह...）的意思是"不论想要什么"。

9. मतलब यह कि कोई भी आवश्यकता ऐसी नहीं है जिस का प्रबंध होटल में न हो सके।

（1）मतलब यह कि...是个习惯说法，यह后面省略了है，意思是"这就是说……"，有时，也可以说 कहने का मतलब यह कि...

（2）本句的定语从句用虚拟语气，是因为主句为否定句，所说事实并不存在，所以从句所述也非事实，请看下面的例句：

यहाँ कोई आदमी ऐसा नहीं है जो उस को न जानता हो।
这儿没有人不知道他。
इस पुस्तकालय में ऐसा कोई उपन्यास नहीं है जो मैं ने न पढ़ा हो।
这个图书室里没有一本小说我没读过。（参阅第3课注9虚拟语气的用法。）

10. अगर आप के पास काफ़ी पैसे हैं तो रेल के डिब्बे में ही होटल का आदमी आप का स्वागत करने को मौजूद मिलेगा, स्टेशन के बाहर होटल की मोटर आप को लेने को खड़ी होगी।

句中आप का स्वागत करने को和लेने को这两处的को都是के लिये的意思，前者修饰मौजूद，后者修饰खड़ी होगी。

11. लेकिन अगर आप के पास पैसे नहीं हैं तो आप का राम मालिक है।

句中 आप का राम मालिक है 即 आप का राम आप का मालिक है，亦即 आप का मालिक राम है，意思是"去找上帝帮忙吧"。

12. **कुछ धर्मशालाएँ केवल जाति विशेष के लोगों के लिये निर्दिष्ट हैं।**

　　句中的 विशेष 本为形容词，意思是"特别的""专门的"，这里的用法比较特殊，不是放在中心词之前，而是放在中心词之后，合成一个词组，用作名词。जाति विशेष 的意思是"特别的种姓""某一种姓"。又如：

दल विशेष　　　　　某一政党
व्यक्ति विशेष　　　　特定人物

13. **कुछ के रखनेवाले बिना हाथ गरम किये कोठरी खोलने में बीस बहाने करते हैं।**

　　（1）कुछ 后面省略了 धर्मशालाओं。
　　（2）句中 रखना 的意思是"持有""开设"。
　　（3）बीस 在这里不是指具体的数字，而是用作不定数词，表示"很多"。此外，सौ，हज़ार，लाख 等也可用作不定数词，表示"好多""不知多少"。

14. **इस के अतिरिक्त आधुनिक आवश्यकताओं के अनुरूप धर्मशालाओं के प्रबंध में पर्याप्त विकास तथा अनेक परिवर्तन होने चाहियें।**

　　不定式与 चाहिये 连用时，不定式的性、数随其主语或宾语变，चाहिये 没有性的变化，其数随不定式变，复数在 ये 上加上鼻音符号 ं，这是规范的用法。但是现在一般情况下 चाहिये 的复数形式很少使用，而用单数形式代替了。

15. -घर（印）

后缀，表示“地方”“地点”。例如：

पेशाब + घर → पेशाबघर　　小便所

तार + घर → तारघर　　电报局

स्नान +घर → स्नाघर　　浴室

व्याकरण

1. 过去分词叠用

与现在分词叠用表示“动作”的持续（如 चलते-चलते, पढ़ते-पढ़ते）不同，过去分词叠用表示“状态”的持续，但其句法功能是相同的，在句中也用作方式状语。

过去分词叠用，其性、数可以跟主语变，也可以用阳性复数形式，例如：

वह बैठा-बैठा सो गया।

他坐着坐着睡着了。

कई दिन पलंग पर लेटे-लेटे मैं ऊब गया।

在床上躺了好几天我都烦了。

过去分词叠用时，中间可加 ही，表示强调，如：

उस ने पलंग पर लेटे-ही लेटे सारा उपन्यास पढ़ डाला।

他躺在床上就把一本小说读完了。

2. 倍数词

印地语的倍数词是由集数词加上 **गुना** 构成的，如 **दसगुना**（十倍）、**सौगुना**（百倍）。

倍数词有性、数的变化，其形式与以 आ 结尾的形容词相同。

倍数词前面的基数词部分，2 至 8 稍有变化：

दो ＋ गुना → दुगुना 或 दूना（两倍）

तीन ＋ गुना → तिगुना （三倍）

चार ＋ गुना → चौगुना （四倍）

पाँच ＋ गुना → पँचगुना （五倍）

छै ＋ गुना → छैगुना （六倍）

सात ＋ गुना → सतगुना （七倍）

आठ ＋ गुना → अठगुना （八倍）

应该注意的是，印地语里没有单独的词表示"一倍"，因此 **एकगुना** 一词是没有的，这是因为印地语的倍数词是把底数计算在内的，所以，**दुगुना** 实际上是汉语"加一倍"的意思，比如 1 的 **दुगुना** 是 2，而不是 3，2 的 **दुगुना** 是 4，而不是 6。

这样，在表示"增加几倍"时，就有两种表达法，一是用 **होना**（成为几倍，包括底数）来表示，二是用 **बढ़ना**（增加几倍，不包括底数）。例如：

इस साल कपास का उत्पादन पिछले साल से दुगुना हो गया है।

今年的棉花产量比去年增加了一倍。（去年是 1，今年是 2）。

如果说"增加两倍"，则是：

इस साल कपास का उत्पादन पिछले साल से तिगुना हो गया है।

（去年是 1，今年是 3）

这句话也可以用 बढ़ना 表示：

इस साल कपास का उत्पादन पिछले साल से दुगुना बढ़ गया है।

（去年是1，今年是3）

注意，至少增加两倍才可用 बढ़ना。

कहावतें

आप डूबे और को भी ले डूबे।

（自己受害还要让别人也受害。）

अज्ञानी धन चाहता है और ज्ञानी गुण।

（愚者图财，智者求德。）

अभ्यास

1. उच्चारण कीजिये：

होटल	भिन्न-भिन्न	शक्कर	उन्नति	ड्योढ़ा	गद्देदार
पाइप	टाँगना	घंटी	लेटना	बाथरूम	डिब्बा
मोटर	वाणिज्य	केंद्र	लक्ष्य	रस्सी	गृहस्थ
त्रुटि	निर्दिष्ट	अतिरिक्त	पर्याप्त	वास्तव	उद्देश्य

2. निम्नलिखित वाक्यों को पढ़िये और उन्हें रटने की कोशिश कीजिये：

（1）होटल के मूल में व्यापार की भावना मुख्य है।

（2）पश्चिम में यात्रा की आवश्यकता के कारण होटल की संस्था ने खूब उन्नति की है।

（3）यात्रियों की सुविधा के लिये धर्मशाला भारत की अपनी प्राचीन संस्था है।

（4）इसी के फलस्वरूप आज भी सैकड़ों धर्मशालाएँ जगह-जगह देखने को मिलती हैं, जिसमें यात्री बिना एक पैसा ख़र्च किए एक, दो, तीन दिन आराम से ठहर सकते हैं।

（5）धर्मशाला का दरवाज़ा अमीर-गरीब, शहर वाले व ग्रामीण, स्त्री-पुरुष, साधु-गृहस्थ प्रत्येक के लिये समान रूप से खुला है।

3. नीचे दिये वाक्यों के अर्थ स्पष्ट कीजिये:

（1）जितनी शक्कर डालियेगा, उतना मीठा होगा।

（2）हजामत बनाने के लिये और लिखने-पढ़ने के लिये अलग मेज़ है।

（3）बिजली की रोशनी और पंखे का तो सवाल ही नहीं।

（4）मतलब यह कि कोई भी आवश्यकता ऐसी नहीं है जिस का प्रबंध होटल में न हो सके।

（5）बिना कुछ दिये नहाने-धोने और पीने के पानी की चौबीसों घंटे सुविधा है।

4. निम्नलिखित वाक्यों का विश्लेषण कीजिये और फ़िर उन का चीनी में अनुवाद कीजिये:

（1）ध्यान से देखा जाए तो एक ही उद्देश्य से निर्मित इन दो संस्थाओं के पीछे भिन्न-भिन्न आदर्श छिपे हैं।

（2）लेटे ही लेटे आप चाय, काफ़ी, अख़बार चाहे जो भी मंगवा सकते हैं।

（3）अगर आप के पास काफ़ी पैसे हैं तो रेल के डिब्बे में ही होटल का आदमी आप का स्वागत करने को मौजूद मिलेगा, स्टेशन के बाहर होटल की मोटर आप को लेने को खड़ी होगी, लेकिन अगर आप के पास पैसे नहीं हैं तो आप का राम मालिक है।

तेरहवाँ पाठ   होटल और धर्मशाला

(4) राजधानी, तीर्थ-स्थान व वाणिज्य के केन्द्रों में धर्मशाला बनवाना, कुआँ खुदवाना और बाग लगवाना प्रत्येक धनी स्त्री-पुरुष के जीवन का एक लक्ष्य रहता था।

(5) वास्तव में यह संस्था प्राचीन भारतीय सभ्यता के एक उच्चतम आदर्श का अवशिष्ट चिह्न है।

5. निम्नलिखित वाक्यों का हिन्दी में अनुवाद कीजिये:

(1) 您的书没有一本是我不喜欢的。

(2) 这篇文章可能没有一个单词我没学过。

(3) 我们的同学无不热爱自己的国家。

(4) 我们的成就没有一项是轻易取得的。

(5) 听到这个消息，大家无不欢欣鼓舞。

(6) 不管您去哪儿，我都愿跟您一起走。

(7) 以前他到哪儿都骑车去。

(8) 他不管在哪儿见到我，总要跟我聊一会儿。

(9) 他在宿舍里不论住哪个房间，都跟同学们相处很好。

(10) 毕业以后，我们不论在哪儿工作，都要时刻想着人民的利益。

6. निम्नलिखित शब्द-समूहों का अर्थ हिन्दी में बताइये:

根据您的建议   在建筑物的掩蔽下
凭借自己的经验   像花朵一样
照老师所讲的   经过调查
在北大附近   反对滥用职权
未名湖畔   未加思考

7. निम्नलिखित शब्दों का पर्यायवाची दीजिये:

व्यापार   मतलब   काफ़ी   धनी   के अतिरिक्त

8. नीचे दिए शब्दों या मुहावरों से वाक्य बनाइये:

（1）भिन्न-भिन्न　　　　（7）समान रूप से

（2）ख़र्च करना　　　　（8）बहाना करना

（3）उन्नति करना　　　（9）के अतिरिक्त

（4）के फलस्वरूप　　　（10）वास्तव में

（5）जगह-जगह　　　　（11）एक ही

（6）चौबीसों घंटे　　　　（12）देखने को मिलना

9. चीनी वाक्यों का हिन्दी में अनुवाद कीजिये:

（1）我们俩小时候是同班同学。

（2）不同的国家有不同的语言。

（3）随着国家的发展，我们的生活水平也不断改善。

（4）要是肯努力的话，我相信你的愿望一定会实现的。

（5）不达到目的，我们誓不罢休。

（6）瞧，你又来了，这里不需要你，管你自己的事情去吧。

（7）没有调查就没有发言权。

（8）我不明白你在说什么。

（9）实际上他是想请假休息，生病只是借口。

（10）北京到处可以见到许多古代的建筑，那是我们中国古代文明的标志。

（11）不花力气是不会有收获的。

（12）如果他愿意帮助我的话，这件事一定会成功。

तेरहवाँ पाठ होटल और धर्मशाला

（13）没有您的合作，要完成这项任务是困难的。
（14）尽管住在旅馆里很舒适、很方便，但我觉得还是不如住在自己家里好。
（15）"希望"本来就是一件伟大的东西，何况是孩子们的希望呢。
（16）他答应今天要来的，可到现在还没来，大概是忘了吧。
（17）不，他也许正在路上呢。
（18）您要的东西都在我桌子上放着呢，什么时候来拿都可以。
（19）他做的这件事本来应该受到表扬的，您却批评了他，不仅如此还威胁说要处分他，这就更不对了。
（20）我的意思是说，在我们面前没有克服不了的困难。

10. प्रश्नों के उत्तर दीजिये :

（1）होटल के मूल में कौनसी भावना मुख्य है?
（2）होटल की संस्था ने किस कारण खूब उन्नति की है?
（3）होटल कहाँ कहाँ पर मौजूद हैं?
（4）होटल में कौन-कौन सी सुविधाएँ मौजूद हैं?
（5）होटल का आदमी क्यों रेल के डिब्बे में ही आप का स्वागत करने को मौजूद मिलता है?
（6）अगर आप के पास पैसे नहीं हैं तो क्या आप होटल में ठहर सकते हैं? और क्यों?
（7）धर्मशाला किस प्रकार की संस्था है?
（8）भारत में धनी लोग क्यों धर्मशालाएँ बनवाते थे?
（9）क्या यात्री बिना पैसे ख़र्च किये धर्मशाला में ठहर सकते हैं? और क्यों?

（10）धर्मशाला का दरवाज़ा किन-किन लोगों के लिये खुला है ?

（11）आजकल की धर्मशालाओं में कौन-कौन सी त्रुटियाँ घुस पड़ी हैं?

11. "पहाड़ की चोटियों पर" से "आप का राम मालिक है।" तक को रटकर सुनाइये।

12. चीन के गेस्ट हाउस के बारे में कुछ बताइये।

चौदहवाँ पाठ

गिरगिट (१)

रंजना

प्रदीप रंजना का प्रेमी

पिता जी रंजना के पिता

(साधारण साज़सज्जा वाला कमरा, कुछ किताबें मेज़ पर, कुछ कुर्सियों पर बिखरी हुई। दीवार पर एक कैलेण्डर, जिसकी ओर खड़ी हुई रंजना देख रही है। दायाँ दरवाज़ा अन्दर खुलता है और बायाँ बाहर की ओर)

रंजना: आज पाँच तारीख़ हो गयी। बहुत इंतज़ार था इस दिन का। आज इंटरव्यू है।**(मड़कर मेज़ की ओर आती हुई)** हुंह इंटरव्यू क्या, तमाशा होता है। किसको लिया जाना है, यह पहले से ही तय होता है, फिर भी तैयारी तो करनी ही है।**(बैठकर एक किताब उलटती है। अचानक जैसे कुछ याद हो आता है, उठकर खड़ी हो जाती है)** अरे, सब्ज़ी जल गयी। **(अन्दर चली जाती है। अन्दर से करछुल चलाने की आवाज़ आती है)**

प्रदीप: **(इधर-उधर देखता हुआ प्रवेश करता है)**शायद सब्ज़ी जल गयी?

रंजना: **(अन्दर से)** अरे आ गये तुम। बैठो, तुम सब्जी जलने की बात करते हो। यहाँ

जो हमारा दिल जल रहा है, उसे भी कोई देखता है।

प्रदीप: **(हंसकर कुर्सी पर बैठता हुआ)** आजकल दिल-विल की बात करना बिलकुल बकवास है। किसी को जलता देखने की किसी को फ़ुर्सत नहीं है। **(एक किताब उठाकर देखने लगता है)** अरे, ये किताबें क्यों बिखरा रखी हैं?

रंजना: आज दो बजे इंटरव्यू है। उसी की तैयारी कर रही थी।

प्रदीप: अरे हां, आज तो तुम्हें इंटरव्यू देने जाना है। तभी तो मैं कहूं कि आज तुम फ़िलासफ़र की टोन में क्यों बोल रही हो। दिल की तपिश का कारण अब मेरी समझ में आया।

रंजना: निराश आदमी ही शायद सब से अधिक फ़िलासफ़ी झाड़ता है।

प्रदीप: तुम निराश क्यों होती हो? पहले इंटरव्यू तो दो, क्या पता, आशा लेकर लौटी।

रंजना: **(सूखी हंसी के साथ)** हुआ हमेशा उल्टा है। मैं अब तक आशा लेकर ही इंटरव्यू के लिए जाती रही हूं और निराशा लेकर लौटी हूं। मुझे तो ये इंटरव्यू के तमाशे अब बहुत बुरे लगने लगे हैं।

प्रदीप: लेकिन बिना इंटरव्यू के नौकरी भी तो नहीं मिलती। अनएम्प्लायमेण्ट की बड़ी भारी प्रॉब्लम है।

रंजना: यह जानते हुए भी तुम्हारी शर्त है कि मैं कोई अच्छी नौकरी पा लूं, तभी मुझ से शादी करोगे। **(किताबें व्यवस्थित करने लगती है)**

प्रदीप: **(रुक-रुककर)** तुम जानती ही हो रंजना, कि आजकल सारे सुख पैसे से ही ख़रीदे जा सकते हैं और पैसा कमाने के लिए पति-पत्नी का एम्प्लायड होना बहुत ज़रूरी है।

रंजना: **(प्रदीप की ओर घूरती हुई)** तुम्हारे लिए पैसा ही सब कुछ है, भावना का कोई मूल्य नहीं है। क्या पैसे से प्यार भी ख़रीदा जा सकता है? गृहस्थी का सुख भी ख़रीदा जा सकता है? बच्चों की देखभाल, घर की व्यवस्था भी ठीक की जा सकती है?

चौदहवाँ पाठ   गिरगिट (१)

प्रदीप: देखो रंजना, ज़्यादा भावुक होने की ज़रूरत नहीं है। मैं क्या चाहता हूं, यह तुम अच्छी तरह समझती हो। जिस तरह तुम इंटरव्यू को बकवास समझती हो, उसी तरह मैं भावुकता को बकवास चीज़ समझता हूं। बी प्रैक्टीकल। लाइफ़ इज़ नाट ए बेड ऑफ़ रोज़ेज़। मैं जीवन में खुशहाली के लिये पैसे का महत्व समझता हूं, भावुकता का नहीं।

रंजना: **(माथा थामकर एक कुर्सी पर बैठ जाती है)** पिता जी ठीक ही कहते थे कि प्रदीप के चक्कर में मत पड़ो। वह तुम से ज़्यादा, पैसे से प्यार करता है।

प्रदीप: तो फिर क्यों नहीं पिता जी की सलाह मानी? इस धरती पर मैं ही एक लड़का थोड़े ही हूं।

रंजना: तुम्हारे लिये मेरे दिल में...

प्रदीप: फिर वही दिल। मेरे लिये दिल का मतलब मांस के टुकड़े के सिवाय कुछ भी नहीं है।

(रंजना स्तब्ध-सी प्रदीप को देखती है, तभी छड़ी लिए हुए, टोपी पहने उसके पिता का प्रवेश। पिता को देखकर रंजना आंखें पोंछती हुई खड़ी हो जाती है। पिता एक कुर्सी पर बैठ जाते हैं।)

प्रदीप: **(हाथ जोड़कर)** नमस्ते पिता जी।

पिता: **(प्रदीप को बिना देखे रंजना से)** क्या बात है रंजना, रो चुकी हो क्या?

रंजना: नहीं पिता जी, ऐसी कोई बात नहीं है। आज इंटरव्यू है न। तैयारी कर रही थी। शायद इसीलिए मेरी आंखें लाल हों।

पिता: बैठो प्रदीप बेटा, खड़े क्यों हो?

प्रदीप: बस पिता जी, अब चलता हूं। काफ़ी देर हो गई है।

पिता: अरे बैठो भी। अब मैं आया हूं, तो कुछ देर तो बैठो।**(प्रदीप बरबस-सा कुर्सी पर बैठ जाता है)** रंजना बेटा, दो कप चाय तो बना लाओ।

रंजना: **(अन्दर जाने को तत्पर)** अच्छा पिता जी।

प्रदीप: नहीं पिता जी, मैं नहीं पिऊंगा। मैं ने अभी चाय पी है।

पिता: तो क्या हो गया। एक कप मेरे साथ भी सही। ले-देकर हम चाय ही तो पिला सकते हैं, बेटा। रिटायर होने के पहले और बात थी। तुम तो अच्छी तरह जानते हो। (**रंजना अन्दर चली जाती है।**)

प्रदीप: जी हां, लेकिन...। (**आगे बोलने को जैसे शब्द नहीं मिल पाते।**)

पिता: चौराहे पर राष्ट्रीय कालेज के मैनेजर मिल गये थे। उन से देर तक बातें होती रहीं। उन्हें मालूम था कि मेरी बेटी इंटरव्यू के लिए आ रही है।

प्रदीप: (**जैसे बात करने को शब्द मिल गये हों**) तो फिर क्या हुआ?

पिता: होना क्या था। वह अपने आप ही कहने लगे कि एक बहुत बड़े आदमी का एक कैण्डीडेट के लिये फ़ोन आ गया है, मैं अब कुछ नहीं कर सकता।

प्रदीप: अच्छा। (**कुछ क्षण बाद**) लेकिन आप तो कर सकते हैं।

पिता: क्या?

प्रदीप: आप के पढ़ाये हुए कई लोग मन्त्री या बड़े आफ़ीसर लगे हुए हैं। आप भी किसी से टेलीफ़ोन...।

पिता: (**खड़े होकर अपनी टोपी कैलेण्डर की कील पर टांगते हुए**) बस, यही तो मुझ से नहीं हो सकता। मैं ने जीवन-भर अपने शिष्यों को ईमानदारी, सच्चरित्रता और आदर्श की शिक्षा दी है। मुसीबत में भी किसी के आगे हाथ नहीं फैलाया। अपना सिर ऊंचा करके रहा हूं और हमेशा ऊंचा रखकर चलना चाहता हूं।

प्रदीप: (**एक पैर दूसरे पैर रखता हुआ**) ये सब पुराने ज़माने की बातें हैं। आउट आफ़ डेट।

पिता: तुम मुझे पुराना कह लो या आउट आफ़ डेट। मेरे विश्वास अपने हैं और तुम्हारे विश्वास तुम्हारे। मैं किसी हालत में अपने आदर्शों की हत्या नहीं करना चाहता।

(**कुछ क्षण मौन। रंजना चाय के प्याले पिता और प्रदीप को थमाकर अन्दर चली जाती है**)

चौदहवाँ पाठ   गिरगिट (१)

प्रदीप : बुरा मत मानियेगा, पिता जी। आजकल सीधे और ईमानदार आदमी ही आदर्श और सिद्धान्तों को छाती से चिपकाये घूम रहे हैं और सब जगह दुत्कारे जा रहे हैं, उपेक्षा के शिकार हो रहे हैं। **(पिता घूरकर प्रदीप को देखते हैं, लेकिन प्रदीप प्याले की ओर देखता हुआ बोलता रहता है)** इस तरह न तो रंजना को कभी नौकरी मिल सकती है और न आप...

पिता : देखो प्रदीप। **(चाय सुड़ककर)** रंजना को नौकरी मिले या न मिले, एक बात साफ़ है कि मैं उस के लिये किसी के आगे हाथ नहीं फैलाऊंगा।

प्रदीप : ये सब डे ड्रीम्स हैं, दिवास्वप्न हैं। बिना तिकड़म और मिलीभगत के आजकल कोई काम नहीं सधता।

पिता : तुम कुछ भी कहो। **(रंजना तैयार होकर बाहर आती है)** अच्छा रंजना बेटी, तुम इंटरव्यू के लिये तैयार भी हो गयीं ? शुभकामनाएं। **(प्याला नीचे रख देते हैं।)**

रंजना : मैं शायद जल्दी ही लौट आऊंगी पिता जी। रसोई में खाना तैयार रखा है। आपके साथ प्रदीप भी खा सकते हैं। **(बाहर चली जाती है।)**

प्रदीप : पिता जी, मैं भी अब जाना चाहता हूं। **(प्याला नीचे रख देता है और खड़ा हो जाता है।)**

पिता : अरे बैठो भी। बड़े दिनों बाद आये हो। **(खड़े होकर प्रदीप को कंधे दबाकर बैठा देते हैं और रसोई से खाना उठा लाते हैं। दोनों बैठकर खाते-खाते बातें करते रहते हैं)**

पिता : लगता है, आज सब्ज़ी जल गयी है।

प्रदीप : हां, जब मैं यहां आया था, तब जल रही थी। **(मुस्करा उठता है।)**

पिता : बेचारी, अकेली जान, इंटरव्यू की तैयारी करे और खाना भी पकाए, घर की सफ़ाई करे और कपड़े भी धोए। अकेली जान को सौ झमेले।

प्रदीप : वह तो सब महिलाओं को करना पड़ता है।

पिता : तुम लोगों में यही एक बड़ी कमी है कि तुम लोग महिलाओं की नौकरी के

मामले में कोई समझौता करने को तैयार नहीं हो, लेकिन उनके आराम और भावात्मक सुख के बारे में सोचने की फ़ुर्सत भी तुम लोगों को नहीं है। बस तुम लोगों को समझाना ही बेकार है। स्वार्थ के आगे भावना का कोई मूल्य नहीं है, तुम्हारे लिये।

（ सुधीन्द्र कुमार ）　（ शेष अगले पाठ में ）

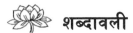

शब्दावली

गिरगिट（阳）变色龙
प्रेमी（阳）情人
साज़सज्जा（阴）装饰；设备
जलना（不及）烧焦，烤焦
इंटरव्यू（阳）（英）（对申请工作的口头审查；面试
---देना　参加口头审查（面试）
हुंह　哼（表示不满意或不相信）
करछुल（阴）锅铲
---चलाना　用铲子铲
बकवास（阴）废话，胡扯
बिखराना（及）使散乱；铺开
फ़िलासफ़र（阳）（英）哲学家
टोन（阴）（英）腔调，语气，口吻
तपिश（阴）热
फ़िलासफ़ी（阴）（英）哲学
झाड़ना（及）谈论
अनएम्प्लायमेण्ट（阴）（英）失业
प्रॉब्लम（阴）（英）问题
व्यवस्थित（形）有秩序的，安排好的
---करना　整理
एम्प्लायड（形）（英）有职业的
घूरना（不及）怒视
देखभाल（阴）照料；保护
व्यवस्था（阴）安排，布置
भावुक（形）感情冲动的；狂热的
भावुकता（阴）感情冲动，狂热
खुशहाली（阴）幸福
महत्त्व（阳）重要，重要意义

माथा（阳）头，额
चक्कर（阳）圆圈；旋涡
---में पड़ना 受骗，上当；陷入困境
धरती（阴）土地；世界
टुकड़ा（阳）一块，一片
स्तब्ध（形）惊愕的
छड़ी（阴）手杖；棍子
बरबस（形）迫不得已的，勉强的
तत्पर（形）准备好了的
---होना 准备
ले-देकर 困难地，勉强地；总共
रिटायर（形）（英）退职的
---होना 退职，退休
चौराहा（阳）十字路口
मैनेजर（阳）管理人，干事
कैण्डीडेट（阳）投考者；申请（职位）者
फ़ोन (टेलीफ़ोन)（阳）（英）电话
कील（阴）钉子
शिष्य（阳）学生
सच्चरित्रता（阴）品行端正
मुसीबत（阴）困难；灾难
हाथ（阳）手
के आगे---फैलाना 乞求，求援
थमाना（及）递，交
बुरा（形）不好，坏
---मानना 不高兴，见怪
चिपकाना（及）贴，粘合
छाती से--- 拥抱
दुत्कारना（及）赶走；责备
उपेक्षा（阴）轻视；轻蔑
सुड़कना（及）饮
दिवास्वप्न（阳）白日梦
तिकड़म（阳）阴谋，诡计
मिलीभगत（阴）勾结，阴谋
सधना（不及）成功，实现
शुभकामना（阴）良好祝愿
के लिये---करना 对……表示良好祝愿
बैठाना（及）使坐
झमेला（阳）麻烦事，难办的事
भावात्मक（形）精神上的，感情上的
स्वार्थ（阳）个人利益，私利

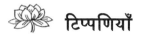 टिप्पणियाँ

लेखक के बारे में——सुधीन्द्र कुमार प्रसिद्ध नाटककार हैं और विशेष रूप से हास्य-व्यंग्यपूर्ण एकांकी लिखने में निपुण हैं।

1. (साधारण साज़सज्जा वाला कमरा, कुछ किताबें मेज़ पर, कुछ कुर्सियों पर बिखरी हुई। दीवार पर एक कैलेंडर, जिस की ओर खड़ी हुई रंजना देख रही है। दायां दरवाज़ा अन्दर खुलता है और बायां बाहर की ओर।)

　　印地语剧本的说明部分多放在括号内，用黑体字标出。说明部分的谓语动词，除需要用特定时态外，均用现在经常时。

　　说明部分的省略现象很多，谓语动词可以省略，主语也可以省略，有时主语、谓语均予省略，而只保留状语部分（多用各类分词或后置词词组表示）。

　　阅读说明部分时，须根据上下文理解所省略的内容。

2. दायां दरवाज़ा अन्दर खुलता है और बायां बाहर की ओर।

　　前一句 अन्दर खुलता है 意思是"通向内屋"，后一句 बाहर की ओर 意思是"通向室外"。

3. बहुत इन्तज़ार था इस दिन का।

　　这是个倒装句。原句应为 इस दिन का बहुत इन्तज़ार था，逻辑主语 मुझे 省略了。

चौदहवाँ पाठ गिरगिट (१)

4. किस को लिया जाना है, यह पहले से ही तय होता है, ...

（1）本句 लेना 的意思是"录取""招收"。

（2）पहले से (ही) 意为"早已""早就""事先"。

5. तभी तो मैं कहूं कि आज तुम फ़िलासफ़र की टोन में क्यों बोल रही हो।

（1）本句中 तभी 意思是"正因为如此""所以"，常与 तो 连用。

（2）主句用虚拟语气 कहूं，表示愿望。

6. यह जानते हुए भी तुम्हारी शर्त है कि मैं कोई अच्छी नौकरी पा लूं, तभी मुझ से शादी करोगे।

（1）本句用虚拟语气 पा लूं，为 शर्त 所要求。

（2）तभी 意为"只有那时""方才"。

7. बी प्रैक्टीकल। लाइफ़ इज़ नाट ए बेड ऑफ़ रोज़ेज़।

这是两句英语，意思是"要讲实际，生活并不是一张铺满玫瑰花的床"。

某些印度知识分子在日常谈话中喜欢夹杂一些英语，以炫示自己的学识。这一点在与印度人交往时须予注意。

8. तो फिर क्यों नहीं पिता जी की सलाह मानी?

作为连词，तो 或 तो फिर 意思是"那么""那"，表示顺着上文的语意（既然或如果……），申说应有的结果。本句的上文可归结为 जब पिता जी ऐसा कहते थे, (तो फिर---)。

9. क्या बात है रंजना, रो चुकी हो क्या?

本句的 चुकना 不能理解为"完结", रो चुकी हो क्या 不是"你哭完了？", 而是"你哭过？""你哭了？"。चुकना 的这种用法往往用于现在完成时，但其含义并不限于刚刚发生的事情。例如：

हमारे अध्यापक जी भारत में कई साल रह चुके हैं।

我们的老师在印度住过好几年。

यह किताब तो आप पढ़ चुके हैं।

这本书您是看过的。

10. रंजना बेटा, दो कप चाय तो बना लाओ।

（1）对子女或晚辈的称呼，男性称 बेटा，女性称 बेटी，但有时可统称 बेटा。

（2）चाय बनाना 意思是"泡茶""沏茶"。

（3）बना लाओ 为 बनाकर लाओ 的省略。

11. आगे बोलने को जैसे शब्द नहीं मिल पाते।

这里的 को 相当于 के लिये。

12. वह अपने आप ही कहने लगे कि एक बहुत बड़े आदमी का एक कैण्डीडेट के लिये फ़ोन आ गया है।

बड़ा आदमी 意为"大人物"。

13. आप के पढ़ाये हुए कई लोग मंत्री या बड़े आफ़ीसर लगे हुए हैं।

（1）आप के पढ़ाये हुए 意思是 आप के द्वारा पढ़ाये गये।

（2）本句 लगना 意思是"担任（某职务）"，相当于汉语的"当""作"。

14. अपना सिर ऊंचा करके रहा हूं और हमेशा ऊंचा रखकर चलना चाहता हूं।

注意 ऊंचा करना 与 ऊंचा रखना 在意义上的区别。ऊंचा करना 的意思是"抬起""仰起"。ऊंचा रखना 则是"抬着""仰着"，是指"继续保持""抬起"或"仰起"之后的状态。

15. आउट ऑफ़ डेट

英语，意思是"过时的"。

16. मेरे विश्वास अपने हैं---

这里 अपने 意同 मेरे अपने。

17. ये सब डे ड्रीम्स हैं, ---

डे ड्रीम्स，英语，意为"白日梦"。

18. अकेली जान, --- अकेली जान को सौ झमेले।

（1）जान 本意为"生命"，这里指"人"。

（2）झमेले 后面省略了谓语 सुलझाने हैं。

19. चौ-（印）

前缀，表示"四"。例如：

चौराहा　　　　　　十字路口

| चौकोना | 四个角的 |
| चौपहिया | 四轮的 |

शुभ-（印）

前缀，表示"美好的""吉祥的"。例如：

शुभकामना	良好的祝愿
शुभलक्षण	吉兆
शुभसमाचार	好消息

 व्याकरण

तो, भी 等用于祈使句句尾

语气词 तो 用于祈使句句尾，可加强祈使的语气，有坚持要某人做某事的意味，但语气婉转。往往用于在第一次要求被拒绝后又坚持要求的情况下。तो 的读音要延长。如：

बैठिये तो।	请坐嘛！坐坐嘛！
अन्दर आओ तो।	进来嘛！
ज़रा दिखाइये तो।	让我看看嘛！

语气词 भी 用于祈使句句尾，同样具有坚持要某人做某事的意味，但语气更恳切，更坚决。例如：

| अरे बैठो भी। | 哎！坐坐嘛！ |
| ज़रा ठहरिये भी। | 请等一下嘛！ |

除上述 तो，भी 用于祈使句句尾外，तो सही 也可用于祈使句句尾，表示“至少”“起码”的意思。（参阅第 6 课注 11）

कहावतें

फल की डाल नीचे को झुके।

（果实累累的树枝总是向下弯的；有学问的人总是谦虚的。）

उलटा चोर कोतवाल को डांटे।

（恶人先告状；倒打一耙。）

अभ्यास

1. उच्चारण कीजिये：

गिरगिट	कैलेंडर	इंटरव्यू	फ़िलासफ़र	टोन
अनएम्प्लायमेंट	प्रॉब्लम	एम्प्लायड	स्तब्ध	रिटायर
मैनेजर	कैण्डीडेट	टेलीफ़ोन	दुत्कारना	सुड़कना
सधना	झमेला	स्वार्थ		

2. नीचे दिये गये वाक्यों को ऊंची आवाज़ से पढ़िये और उन्हें रटने की कोशिश कीजिये：

（1）अरे हां, आज तो तुम्हें इंटरव्यू देने जाना है। तभी तो मैं कहूं कि आज तुम फ़िलासफ़र की टोन में क्यों बोल रही हो।

（2）हुआ हमेशा उल्टा है। मैं अब तक आशा लेकर ही इंटरव्यू के लिए जाती रही हूं और निराशा लेकर लौटी हूं।

（3）तुम्हारे लिए पैसा ही सब कुछ है, भावना का कोई मूल्य नहीं है। क्या पैसे से प्यार भी ख़रीदा जा सकता है ? गृहस्थी का सुख भी ख़रीदा जा सकता है? बच्चों की देखभाल, घर की व्यवस्था भी ठीक की जा सकती है?

（4）अरे बैठो भी। अब मैं आया हूं, तो कुछ देर तो बैठो।

（5）बस, तुम लोगों को समझाना ही बेकार है। स्वार्थ के आगे भावना का कोई मूल्य नहीं है, तुम्हारे लिये।

3. हिन्दी वाक्यों का विश्लेषण कीजिये और उन का चीनी में अनुवाद कीजिये:

（1）बैठो, तुम सब्ज़ी जलने की बात करते हो। यहां जो हमारा दिल जल रहा है, उसे भी कोई देखता है।

（2）तो क्या हो गया। एक कप मेरे साथ भी सही।

（3）अपना सिर ऊंचा करके रहा हूं और हमेशा ऊंचा रखकर चलना चाहता हूं।

（4）आजकल सीधे और ईमानदार आदमी ही आदर्श और सिद्धान्तों को छाती से चिपकाये घूम रहे हैं और सब जगह दुत्कारे जा रहे हैं, उपेक्षा के शिकार हो रहे हैं।

4. निम्नलिखित वाक्यों के अर्थ स्पष्ट कीजिये:

（1）हुंह, इंटरव्यू क्या, तमाशा होता है।

（2）अनएम्प्लायमेण्ट की बड़ी भारी प्रॉब्लम है।

（3）लाइफ़ इज़ नाट ए बेड ऑफ़ रोज़ेज़।

（4）मेरे लिये दिल का मतलब मांस के टुकड़े के सिवाय कुछ भी नहीं है।

（5）(मैं ने) मुसीबत में भी किसी के आगे हाथ नहीं फैलाया।

चौदहवाँ पाठ   गिरगिट (१)

5. निम्नलिखित शब्द-समूहों का अर्थ हिन्दी में बताइये:

郑重宣告   暗自高兴
容易解决   谨慎行事
轮流休息   转眼间
惊讶地问   相互间
快乐地唱   愉快接受
时刻注意   坚决抵制
永远记住   勉强完成

6. नीचे दिये शब्दों या मुहावरों से वाक्य बनाइये:

（1）व्यवस्थित करना   （5）बुरा मानना
（2）चक्कर में पड़ना   （6）पहले से ही
（3）ले-देकर   （7）तभी तो
（4）हाथ फैलाना   （8）तो फिर

7. चीनी वाक्यों का हिन्दी में अनुवाद कीजिये:

（1）您不用介绍了，我们早就认识。
（2）当心，不要上他的当。
（3）根本没有这回事，那完全是无稽之谈。
（4）今天几号？大概10号了吧。
（5）谁把这些东西搞得这么乱？咱们来整理一下吧。
（6）做什么事都要事先有所准备。
（7）你明明知道他病了，还问他为什么不来。
（8）我的一个老同学现在在一所小学当校长。
（9）比起小说来，我更喜欢诗歌。

（10）不是任何东西都可以用金钱买到。
（11）你买的这些书我一本也不喜欢。
（12）怎么了，老兄，你好像不高兴。
（13）刚才我在路上碰到了王老师，跟他谈了半天话。
（14）我可以接受你的意见，不过我的条件是您得按照我说的去办。
（15）尽管我不很满意，我还是听从了他的劝告。
（16）你做完了功课我才能陪你去看电影。
（17）你既然没有错，那干吗向他道歉呢？
（18）着什么急呢，再坐一会儿嘛。
（19）正因为我把你当成好朋友，所以才这样劝你。
（20）这位作家曾几次获得文学奖。

8. प्रश्नों के उतर दीजिये:

（1）रंजना कैसी लड़की थी? वह किस बात की तैयारी कर रही थी?
（2）प्रदीप कैसा लड़का था? रंजना से शादी करने के लिये उस की क्या शर्त थी?
（3）रंजना और प्रदीप दोनों में किस बात पर झगड़ा हुआ था?
（4）रंजना का पिता कैसा आदमी था?
（5）रंजना के पिता से प्रदीप क्या कराना चाहता था?
（6）इस पर उन दोनों में क्या झगड़ा हुआ?
（7）रंजना के पिता ने प्रदीप से क्यों कहा कि स्वार्थ के आगे भावना का कोई मूल्य नहीं है, तुम्हारे लिये?

9. तीन विद्यार्थी इस नाटक को खेलने की तैयारी करें:

पन्द्रहवाँ पाठ

गिरगिट (२)

प्रदीप : यही भावना, यही दिल रंजना को दुःख देते हैं, यही आप को।

पिता : हमें तो तुम दुःख देते हो और कोई नहीं देता।

प्रदीप : मैं आप लोगों को दुःख देता हूँ, तो आप लोग मुझे छोड़ क्यों नहीं देते?

पिता : यही तो मेरी मुश्किल है। अगर रंजना बीच न होती, तो मैं तुम को कब का...। वैसे तुम भी रंजना को छोड़ना नहीं चाहते, हालाँकि उस का कारण दूसरा है।

प्रदीप : वह क्या? (**हँसता है, खाना छोड़ देता है, और पानी पीता हुआ पिता को देखता रहता है**)

पिता : वह यह कि रंजना को तुम भविष्य में सोने का अण्डा देने वाली मुर्गी समझते हो और मैं यह बात अच्छी तरह समझता हूँ कि जिस दिन तुम को यह भरोसा हो जाएगा कि रंजना तुम्हारे लिये पैसे कमाकर नहीं दे सकती, उसी दिन तुम उस को छोड़ दोगे।

प्रदीप : आप भी क्या बात करते हैं। मैं इतना नीच नहीं हूँ।

पिता : (**छत की ओर देखते हुए, व्यंगात्मक स्वर में**) हाँ, इतने नीच नहीं हो।

प्रदीप : (**तमतमाकर**) आप मुझे गाली देते हैं।

पिता : **(हँसकर)** मैं नहीं, तुम्हीं अपने आप को गाली दे रहे हो।

प्रदीप : मैं जा रहा हूँ। फिर कभी इस घर में कदम नहीं रखूँगा। रंजना से कह दीजिये कि...

पिता : नाराज़ मत हो बेटा। मेरी कमज़ोर नब्ज़ तुम्हारे हाथ में है, इसलिये तुम कुछ भी कह सकते हो। तुम इस घर में कदम नहीं रखोगे तो मुझे तुम्हारे घर में कदम रखना पड़ेगा।

प्रदीप : क्या मतलब?

पिता : मतलब यह बेटा, कि रंजना मेरी कमज़ोर नब्ज़ है और रंजना न जाने क्यों तुम्हें चाहती है।

प्रदीप : मैंने तो रंजना से नहीं कहा कि वह मुझे चाहे।

पिता : यही तो हिन्दुस्तानी लड़कियों की ख़राबी है कि वे एक बार जिसे अपने मन में बसा लेंगी, उसे फिर नहीं निकाल सकतीं।

प्रदीप : **(जैसे कुछ सोच नहीं पा रहा कि वह जाये या रुके। कुछ टहलकर)** देखिये, पिता जी, मैं रंजना की इसी भावना के कारण रुका हुआ हूँ, नहीं तो मैं कब का किसी और लड़की से शादी कर चुका होता। लड़कियों की मेरे लिये कमी नहीं है।

पिता : अब मेरा मुँह ज़्यादा मत खुलवाओ। तुम जैसा आदमी कब से किसी की भावना को समझने लगा?

प्रदीप : आप ने मुझे समझ क्या रखा है? क्या आप समझते हैं कि मैं झूठ बोल रहा हूँ?

पिता : **(खड़े होते हुए)** तुम सरासर झूठ बोल रहे हो। मैं तुम्हारे ही दोस्तों से सुन चुका हूँ कि लड़कियों को तुम पानी का गिलास समझते हो। जब प्यास लगी, तब प्यास बुझा ली और ख़ाली गिलास छोड़ दिया। फिर प्यास लगने पर दूसरा गिलास उठा लिया।

प्रदीप : हद हो गई। **(खड़े होकर)** मुझे...आई फ़ील मोस्ट इन्सल्टेड। आश्चर्य है कि

पन्द्रहवाँ पाठ गिरगिट (२)

आप पिछले दो सालों से मुझे इतना...इस रूप में पहचान पाये हैं। आप की रंजना क्या मुझे यों ही चाहती है? या तो रंजना बेवकूफ़ है या...या...आप।

पिता : **(कुर्सी पर बैठते हुए)** तुम कुछ भी कहो। बेवकूफ़ कहो या कुछ और। मैं तुमको रंजना से भी अधिक जानता हूँ। मैं राष्ट्रीय कालेज के मैनेजर से तुम्हारा सारा किस्सा सुन चुका हूँ। वह तुम्हारी कम्पनी में तुम्हारे बॉस है न?

प्रदीप : **(अशक्त-सा कुर्सी पर बैठता हुआ)** जी।

पिता : वह मेरे अच्छे मित्र हैं, यह तुम अच्छी तरह जानते हो।

प्रदीप : जी।

पिता : मैं उनसे सुन चुका हूँ कि तुम ऑफ़िस के काम से ज़्यादा ऑफ़िस की लड़कियों पर ध्यान देते हो।

प्रदीप : जी...जी..., यह सब बिल्कुल ग़लत है, बकवास है।

पिता : ग़लत हो या सही, राष्ट्रीय कालेज के इंटरव्यू के बाद तुम्हारी कम्पनी के बोर्ड ऑफ़ डायरेक्टर्स की आज बैठक हो रही है। उस में तुम्हारा केस आ रहा है।

प्रदीप : क्या...क्या ?

पिता : क्या दुबारा बताऊँ?

प्रदीप : नहीं।

(कुछ क्षण स्तब्धता)

प्रदीप : आपने मेरे डायरेक्टर से कुछ कहा नहीं?

पिता : **(सीधे बैठकर)** क्या कहता?

प्रदीप : यही कि प्रदीप मेरा होने वाला दामाद है। वो तो आप के गहरे दोस्त हैं।

पिता : **(हँसकर)** होने वाले दामाद हो, हुए तो नहीं हो। होने वाले और हुए में तो बड़ा भारी फ़ासला होता है। क्या पता यह फ़ासला कभी पूरा हो कि न

हो।

प्रदीप : (**चापलूसी भरे स्वर में**) वाह पिता जी, होगा क्यों नहीं? रंजना और मैं एक दूसरे को चाहते हैं, पसंद करते हैं।

पिता : (**खड़े होते हुए**) वाह, तुम तो बड़ी जल्दी गिरगिट की तरह रंग बदल लेते हो। कुछ देर पहले तो रंजना के प्रति वैराग्य दिखा रहे थे, अब रंजना को चाहने की बात करने लगे।(**बर्तन उठाने लगते हैं, तभी प्रदीप लपककर बर्तन थाम लेता है।**)

प्रदीप : लाइये, मैं अन्दर रख आता हूँ। आप क्यों कष्ट करते हैं?

पिता : नहीं। तुम बैठो, मैं रख आता हूँ।

(**प्रदीप बर्तन लेकर अन्दर चला जाता है**)

रंजना : (**प्रवेश करके पिता से लिपटती हुई**) ओह पिता जी। मेरा सलेक्शन हो गया।(**अन्दर से आते हुए प्रदीप को देखकर खड़ी हो जाती है। पिता प्रसन्नतापूर्वक और प्रदीप भावहीन दृष्टि से रंजना को देखने लगते हैं।**) आप तो कह रहे थे कि किसी बड़े आदमी का फ़ोन आ गया है, इसलिये मैनेजर मेरे लिये कुछ नहीं कर सकते।

पिता : (**हँसकर**) मैंने प्रदीप की प्रतिक्रिया देखने के लिये यह बात बनाकर कही थी।

रंजना : कोई और कैण्डीडेट मेरी योग्यता की टक्कर का था ही नहीं। और हाँ, जब मेरा इंटरव्यू हुआ, तो मैनेजर उठकर जा चुके थे। लेकिन पता नहीं कैसे जो-जो सवाल मुझसे पूछे गये, मैं फटाफट उनके उत्तर देती गई और इंतरव्यूअर बार-बार 'वेरी गुड' कह उठते थे।

पिता : वैरी गुड। लेकिन रंजना। एक बुरी बात हो रही है।

रंजना : वह क्या?

पिता : तुम्हारे सलेक्शन के दिन ही प्रदीप की नौकरी से छुट्टी हो रही है।

रंजना : अच्छा हुआ। गुड न्यूज़। आज एक साथ दो अच्छी ख़बरें।

पन्द्रहवाँ पाठ गिरगिट (२)

प्रदीप : **(तिलमिलाकर)** रंजना।
रंजना : अब मेरा-तुम्हारा कोई सम्बन्ध नहीं है।
प्रदीप : क्या कह रही हो?
रंजना : सुनाई नहीं दिया?
प्रदीप : पिता जी, रंजना को आप समझाइए न कि...
पिता : मैं तो इसे दो साल से समझा रहा हूँ। अब यह अपने आप समझ रही है, तो और अच्छा है।
रंजना : पहले मेरी बुद्धि पर पर्दा पड़ गया था, आज मैंने उसे उतार फेंका है।
प्रदीप : रंजना तुम्हें हो क्या गया? नौकरी मिलते ही मुझ से आँख फेर बैठीं।
रंजना : हाँ, क्योंकि यदि मुझे आज नौकरी न मिली होती, तो तुम मुझ से आँखें फेर लेते और यदि प्रमिला को मिल जाती तो उससे गाँठ जोड़ लेते।
प्रदीप : रंजना।
पिता : यह प्रमिला कौन है?
रंजना : प्रमिला नाम की एक लड़की भी आज इंटरव्यू देने आई थी। वह उदास थी, इसलिये बातचीत में मैंने उस की उदासी का कारण पूछा तो उसने क्या उत्तर दिया, जानते हैं आप?
पिता : तुम्हीं बताओ।
प्रदीप : **(बेचैन-सा)** रंजना, तुम भी क्या बेकार की बातें ले बैठीं।
रंजना : उसने इन साहब का नाम और पद बताते हुए कहा कि इन्होंने उसे नौकरी मिलने पर शादी करने का वायदा कर रखा है।
प्रदीप : मैं उसको टरकाने के लिये...मैं तो केवल तुम्हें...
रंजना : मेरा नाम तुम्हारी ज़बान पर फिर कभी नहीं आना चाहिये। समझे? दिल तुम्हारे लिये माँस का टुकड़ा है, भावुकता और भावना को तुम बकवास चीज़ समझते हो। पैसा और नौकरी ही तुम्हें मुझ से ज़्यादा प्यारे हैं। अब मैं तुम जैसे आदमी से कोई संबंध नहीं रखना चाहती। **(कमरे को**

व्यवस्थित करने लगती है)

प्रदीप : पिता जी, यह मेरी लाइफ़ का सबसे बड़ा सवाल पैदा हो गया है।

पिता : **(मुस्कराकर)** यह सवाल रंजना के कारण पैदा हुआ है या अपनी नौकरी जाने के कारण?

प्रदीप : **(कुर्सी पर बैठकर)** दोनों के कारण।

पिता : बिल्कुल ग़लत। मैं तुम्हारी नीयत अच्छी तरह से जानता हूँ। पूछो, तो बताऊं।

प्रदीप : क्या?

पिता : तुम्हारी नीयत यह है, मुझ से साफ़-साफ़ क्यों कहलाते हो, कि तुम अब एक पत्थर से दो शिकार करना चाहते हो। रंजना से शादी करके तुम उस की कमाई खाना चाहते हो और मेरे दामाद बनकर अपनी नौकरी बचाना चाहते हो। हर तरह से तुम्हें अपनी चिन्ता है, हमारी नहीं।

(प्रदीप चिन्तित मुद्रा में चहलकदमी करने लगता है)

रंजना : पिता जी, आप इस आदमी की जितनी परतें उधेड़ते हैं, उतना ही इस से मुझे डर लगने लगता है।

(पिता मुस्कराते रहते हैं)

प्रदीप : रंजना, विश्वास करो। मैं अब भी तुम को...।

(रंजना छड़ी उठाकर पिता जी को देती है)

पिता : **(छड़ी पकड़ते हुए)** इस का मैं क्या करूँ?

रंजना : इस भूत पर अब इसी उपाय का प्रयोग कर देखिए।

प्रदीप : यह मेरा अपमान है। देखो रंजना, मैं फिर कभी इस घर में कदम नहीं रखूँगा।

रंजना : रखने ही कौन देना चाहता है? **(पिता से छड़ी लेती हुई)** लाइए पिता जी, मैं ही इस का प्रयोग करके देखूँ।

(प्रदीप झटके से निकल जाता है। पिता और रंजना एक दूसरे की ओर देखकर ठहाका लगाते हैं।)

शब्दावली

भरोसा（阳）信任，相信
---होना 相信
नीच（形）低级的；恶劣的
छत（阴）屋顶；天花板
व्यंगात्मक（形）讽刺的，讥讽的
तमतमाना（不及）（因发怒、太阳晒）面孔发红
कदम（阳）脚步，步伐
---रखना 踏入
नब्ज़（阴）脉搏
हाथ（阳）手，手臂
के---में होना 在……手中，在……掌握中
ख़राबी（阴）缺点，坏处；不幸
बसाना（及）使居住，使定居
मन में--- 喜欢，爱上
कमी（阴）缺少
खुलवाना（及）使开，使打开
मुँह--- 使开口，使讲话
सरासर（副）从头到尾，彻底，完全
सुनना（及）听
से--- 听……说
बुझाना（及）熄灭，消除
प्यास--- 止渴，解渴
हद（阴）限度，极限
---हो जाना 达到极限；话说到头
यों ही 无缘无故地，随便
किस्सा（阳）事情，情况
बॉस（阳）（英）老板，上司
अशक्त（形）无力的
बैठक（阴）会议
केस（阳）（英）案件，实情，情况
दुबारा（副）再一次，再
डायरेक्टर（阳）（英）主任
दामाद（阳）女婿
फ़ासला（阳）距离
---पूरा होना 距离消除
चापलूसी（阴）奉承，拍马
वैराग्य（阳）无好感，厌恶
बर्तन（阳）器皿，餐具
लपकना（不及）飞奔，猛冲

लपककर 迅速地
कष्ट（阳）麻烦
---करना 麻烦，费力
लिपटना（不及）紧依，拥抱
से--- 拥抱
सलेक्शन（阳）（英）选择，选拔
---होना 被选中
प्रसन्नतापूर्वक（副）愉快地，欣喜地
भावहीन（形）无表情的，
　　　　无动于衷的
प्रतिक्रिया（阴）反应
बात（阴）话
---बनाना 编假话，捏造
टक्कर（阴）冲突；比赛，竞赛
---का 相等的，比得上的
फटाफट（副）迅速地；
　　　　接连不断地
छुट्टी（阴）空闲，假日；解脱
नौकरी से---होना 失去工作，被解职
बुद्धि（阴）理智，智慧
तिलमिलाना（不及）不安，焦急
पर्दा（阳）帘，幕
बुद्धि पर---पड़ना 愚蠢，脑筋不开窍
उतारना（及）摘下，卸下；
　　　　脱去；摆脱

उतार फेंकना 摆脱，扔掉
फेरना（及）转动，由一个方向
　　　　转向另一个方向
से आँख(आँखें)--- 不关心，不理睬
गाँठ（阴）结，绳结
से---जोड़ना 与……建立密切
　　　　联系
बेचैन（形）焦急的，不安的
वायदा（阳）诺言，答应
का---करना 许诺……,
　　　　答应……
टरकाना（及）移动；推托；
　　　　摆脱
ज़बान（阴）舌，口，语言
---पर आना 说，提到
प्यारा（形）喜欢的，喜爱的
संबंध（阳）关系
से---रखना 与……保持关系
नीयत（阴）意图，动机
शिकार（阳）狩猎，打猎
---करना 打猎
एक पत्थर से दो---करना 一箭双雕
तरह（阴）方式，方法
हर---से 以各种方式，
　　　　从一切方面

पन्द्रहवाँ पाठ गिरगिट (२)

चिन्तित (形) 焦急的，不安的
मुद्रा (阴) 表情
चहलकमदी (阴) 踱步
---करना 踱步，散步
परत (阴) 层，层叠
उधेड़ना (及) 揭开，拆开

परतें--- 揭露，揭穿
भूत (阳) 鬼，恶魔
झटका (阳) 冲击，冲撞
झटके से 急速地
ठहाका (阳) 大笑，哈哈大笑
---लगाना 大笑，哈哈大笑

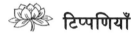 टिप्पणियाँ

1. अगर रंजना बीच न होती, तो मैं तुम को कब का...

（1）本句可理解为省略了谓语छोड़ देता。

（2）कब का是个习语，在句中用作状语，意思是"早就""早已"。का的性数随主语变，例如：

हम कब के आप का इंतज़ार कर रहे थे।
我们早就在等您了。
मेरी बड़ी बहन कब की स्नातक हो चुकी है।
我姐姐早已大学毕业了。

以上，कब का, कब के, कब की 均可用 कब से代替，意义和用法相同。

2. वह यह कि रंजना को तुम भविष्य में सोने का अंडा देनेवाली मुर्गी समझते हो...

（1）वह यह后面省略了谓语动词है。由कि引导的是表语从句，主句中的先行词是यह。

(2) अंडा देना 意为"生蛋""下蛋"。

3. आप भी क्या बात करते हैं, पिता जी।

这里的 भी 不是一般意义的"也",而是表示一种婉转的强调语气,多用于对对方的谈话表示不满或惊讶而又不失礼貌的情况下。

本句的意思相当于汉语"您这是怎么说的!"或"瞧您说的!"

4. तुम जैसा आदमी कब से किसी की भावना को समझने लगा।

(1) तुम जैसा आदमी 意思是"像你这样的人""你这种人"。जैसा(像……一样的)用于人称代词后面时,人称代词须用带后形式,如:

मुझ जैसा आदमी　　　　　像我这样的人
उस जैसा लड़का　　　　　像他这种孩子
उन (लोगों) जैसी महिलाएँ　　像她们那样的妇女

(2) कब से (从什么时候) 这里用作表示否定意义的反诘。

5. आप ने मुझे समझ क्या रखा है?
   您把我看成什么人了?

疑问代词 क्या 置于谓语主要动词之后,其他动词之前,起加强语势的作用,有汉语"究竟""到底"等义,例如:

ज़रा देख आओ, वहाँ हो क्या रहा है?
你去看看,那儿到底怎么了?

6. आई फ़ील मोस्ट इन्सल्टेड।

英语，I feel most insulted，意为"我感到受到极大污辱"。

7. बोर्ड ऑफ़ डायरेक्टर्स

英语，board of directors，意为"董事会"。

8. (चापलूसी भरे स्वर में) वाह पिता जी, होगा क्यों नहीं?

（1）भरे 为过去分词做定语，意思是"充满……的""饱含……的"，因为 भरना 可作及物动词，也可作不及物动词，所以作及物动词时，须有宾语，如本句的 चापलूसी；作不及物动词时，则须有补语，如本句则须用 चापलूसी से，又如：

आँसू भरी आँखें

आँसुओं से भरी आँखें

两者意思相同，都是"充满泪水的眼睛"。

（2）वाह，感叹词，可表示赞扬、惊讶、憎恶等，这里表示惊讶。

9. लाइये, मैं अन्दर रख आता हूँ।

रख 为完成分词省略了"कर"。

10. वैरी गुड

英语，very good，意为"很好"。

11. गुड न्यूज़

英语，good news，意为"好消息"。

12. अब मेरा-तुम्हारा कोई संबंध नहीं है।

    我们现在没有任何关系了。

    这句话也可以这么说：अब मेरा तुम से कोई संबंध नहीं है।

13. पिता जी, रंजना को आप समझाइये न कि...

    否定语气词 न 用于祈使句句尾，表示恳切的请求，न 须轻读，如：

    आप खड़ी क्यों है? बैठिये न।

    您干吗站着，请坐嘛！

    अब आप जा सकते हैं। मगर जल्दी आइये न।

    您现在可以去了，不过早点回来啊。

14. मैं तो इसे दो साल से समझा रहा हूँ।

    这里用现在进行时，表示"从过去到现在一直不断"的意思，又如：

    यह उपन्यास मैं दो हफ़्ते से पढ़ रहा हूँ।

    这本小说我读了两个星期了。

    वह तीन साल से यही काम कर रहा है।

    他三年来一直就是做这项工作。

15. जब यह अपने आप समझ रही है, तो और अच्छा है।

    और 用作副词，意思是"更""更加"，在句中作状语，多修饰形容词。और 须重读，如：

    और अधिक   更多的

    और बड़ा   更大的

और सुन्दर   更美的

और 也可与 भी 连用，成为 और भी，其意思与用法与 और 相同。

16. रंजना, तुम भी क्या बेकार की बातें ले बैठीं।

（कोई काम या बात）ले बैठना 作为习语，意思是"提起……（不该提的）事"或"惹来……（不必要的）事"，例如：

तुम भी यह कहाँ का झगड़ा ले बैठे।
你这是没事找事。

17. यह सवाल रंजना के कारण पैदा हुआ है या अपनी नौकरी जाने के कारण ?

这里的 जाना 意为"失去""丧失"。又如：

लड़ाई में उस की जान गई।
他在战争中丧生。
बीमारी से उस की एक आँख गई।
他因为生病失去一只眼睛。

18. मुझ से साफ़-साफ़ क्यों कहलाते हो, ...

कहलाना 为 कहना 的致使动词，意为"让……说"。

19. (छड़ी पकड़ते हुए) इस का मैं क्या करूँ?

क्या 后面可以理解为省略了 प्रयोग。这句话也可以说：इस से मैं क्या करूँ?

20. इस भूत पर अब इसी उपाय का प्रयोग कर देखिये।

（1）प्रयोग कर 为完成分词省略了 के。

（2）本句的 देखना 意思是"体验""尝试"，又如：

तुम भी ऐसा काम करके देखो।

你也做做这种工作看看。

21. प्रति-（梵）

前缀，表示：

（1）反对，相反，如：

प्रति + क्रिया	→	प्रतिक्रिया	反作用，反应，反动
प्रति + क्रान्तिकारी	→	प्रतिक्रान्तिकारी	反革命分子
प्रति + ध्वनि	→	प्रतिध्वनि	回声

（2）每，例如：

प्रति + दिन	→	प्रतिदिन	每天
प्रति + क्षण	→	प्रतिक्षण	每时每刻

-आत्मक（梵）

后缀，表示"具有……的""具有……特性的"。例如：

व्यंग + आत्मक	→	व्यंगात्मक	讽刺的
विचार + आत्मक	→	विचारात्मक	思想上的
संगठन + आत्मक	→	संगठनात्मक	组织上的

-हीन（梵）

后缀，表示"没有……的"，"缺……的"。例如：

भाव + हीन →	भावहीन	无表情的
शक्ति + हीन →	शक्तिहीन	无力的
बुद्धि + हीन →	बुद्धिहीन	没有智慧的

-पूर्वक（梵）

后缀，将名词变为副词，例如：

प्रसन्नता + पूर्वक → प्रसन्नतापूर्वक	愉快地
सफलता + पूर्वक → सफलतापूर्वक	成功地
ध्यान + पूर्वक → ध्यानपूर्वक	注意地

 व्याकरण

1. 假设语气表示反诘

假设语气与疑问代词 कौन, क्या, कैसे, क्यों 等连用，构成反问句，句中若无否定语气词，则表示否定；若有否定语气词，则表示肯定。例如：

उस समय मैं बहुत छोटा था, इतनी भारी चीज़ कैसे उठाता?
那时我很小，这么重的东西怎么搬得动呢？

वह बेचारी अकेले क्या करती?
那个可怜的妇女一个人有什么办法？

आप उसे क्यों न समझाते?
您干吗不劝劝他呢？

—आप ने उस से कुछ कहा नहीं? —क्या कहता?
—您没对他说些什么吗？—说什么呢？

假设语气表示反诘，多用于对过去的事情。若用于对现在或将来的事情，则常用虚拟语气，如：

इतनी भारी चीज़ मैं अकेले कैसे उठाऊँ?
这么重的东西我一个人怎么搬得动呢？

आप उसे क्यों न समझाएँ?
您干吗不去劝劝他？

क्या करूँ?
我有什么办法呢？

2. 复合动词 बैठना

复合动词 बैठना 和主要动词的词根连用，表示主要动词的动作是迅速的或突然的动作，例如：

सुबह छः बजते ही हम उठ बैठते हैं।
早上一到六点我们马上起床。

वह घोड़े पर चढ़ बैठा और भागा।
他一下子骑上马就跑了。

सहसा वह मुझ से पूछ ही बैठा।
他突然问我。

बैठना 还可表示主要动词的动作是轻率的、考虑欠周的动作，如：

अगर ऐसा किया तो भारी भूल कर बैठोगे।
你要是这样做，那就要犯严重的错误。

वह धोखे में आकर उस को वचन दे बैठी।

她受了骗轻易地答应了他。

3. 复合动词 रखना

复合动词 रखना 与主要动词（多为及物动词）的词根连用，表示主要动词的动作是经过考虑的动作，在这个意义上与复合动词 बैठना 的意义相对立。例如：

हम ने सारी योजना पहले से सोच रखी थी।

我们早已把全部计划想好了。

समझ क्या रखा है तुम ने अपने को?

你把你自己当作什么了？

उस ने यह काम दूसरे को सौंप रखा है।

他把这项工作托付给别人了。

रखना 还可表示对动作的受事作妥善的处理，使受事处于良好状态，如：

उसने कमरे को काफ़ी सजा रखा था।

她把房间布置得相当好。

मैने इस का प्रबंध पहले ही कर रखा था।

这事我早就安排好了。

मैंने आप के लिये कुछ किताबें छोड़ रखी हैं।

我给您留下了几本书。

कहावतें

धोबी का कुत्ता न घर का न घाट का।

（两头落空。）

अनुभव सुगमता से नहीं प्राप्त होता।

（经验不是轻而易举可以取得的。）

अभ्यास

1. उच्चारण कीजिये:

व्यंगात्मक	नब्ज़	किस्सा	अशक्त	डायरेक्टर
वैराग्य	कष्ट	सलेक्शन	प्रसन्नतापूर्वक	प्रतिक्रिया
टक्कर	बुद्धि	नीयत	मुद्रा	उधेड़ना

2. निम्नलिखित वाक्यों को ऊँची आवाज़ से पढ़िये और उन्हें रटने की कोशिश कीजिये:

（1）अब मेरा मुँह ज़्यादा मत खुलवाओ। तुम जैसा आदमी कब से किसी की भावना को समझने लगा?

（2）आप ने मुझे समझ क्या रखा है? क्या आप समझते हैं कि मैं झूठ बोल रहा हूँ?

（3）ग़लत हो या सही, राष्ट्रीय कालेज के इंटरव्यू के बाद तुम्हारी कम्पनी के बोर्ड ऑफ़ डायरेक्टर्स की आज बैठक हो रही है। उस में तुम्हारा केस आ रहा है।

（4）लाइये, मैं अन्दर रख आता हूँ। आप क्यों कष्ट करते हैं?

（5）मैं तुम्हारी नीयत अच्छी तरह से जानता हूँ। पूछो, तो बताऊँ।

3. हिन्दी वाक्यों का विश्लेषण कीजिये और इन का चीनी में अनुवाद कीजिये:

(1) वह यह कि रंजना को तुम भविष्य में सोने का अण्डा देने वाली मुर्गी समझते हो और मैं यह बात अच्छी तरह समझता हूँ कि जिस दिन तुम को यह भरोसा हो जाएगा कि रंजना तुम्हारे लिये पैसे कमाकर नहीं दे सकती, उसी दिन तुम उस को छोड़ दोगे।

(2) देखिये, पिताजी, मैं रंजना की इसी भावना के कारण रुका हुआ हूँ, नहीं तो मैं कब का किसी और लड़की से शादी कर चुका होता।

(3) होने वाले दामाद हो, हुए तो नहीं हो। होने वाले और हुए में तो बड़ा भारी फ़ासला होता है। क्या पता यह फ़ासला कभी पूरा हो कि न हो।

(4) हाँ, क्योंकि यदि मुझे आज नौकरी न मिली होती, तो तुम मुझ से आँखें फेर लेते और यदि प्रमिला को मिल जाती तो उससे गाँठ जोड़ लेते।

(5) तुम्हारी नीयत यह है, मुझ से साफ़-साफ़ क्यों कहलाते हो, कि तुम अब एक पत्थर से दो शिकार करना चाहते हो।

4. निम्नलिखित वाक्यों के अर्थ स्पष्ट कीजिये:

(1) यही तो हिन्दुस्तानी लड़कियों की ख़राबी है कि वे एक बार जिसे अपने मन नें बसा लेंगी, उसे फिर निकाल नहीं सकतीं।

(2) पहले मेरी बुद्धि पर पर्दा पड़ गया था, आज मैंने उसे उतार फेंका है।

(3) रंजना तुम्हें हो क्या गया? नौकरी मिलते ही मुझ से आँख फेर बैठीं।

(4) मेरा नाम तुम्हारी ज़बान पर फिर कभी नहीं आना चाहिये। समझे?

(5) पिताजी, आप इस आदमी की जितनी परतें उधेड़ते हैं, उतना ही इस से मुझे डर लगने लगता है।

5. निम्नलिखित शब्द-समूहों का अर्थ हिन्दी में बताइये:

双手合十　　悬赏缉拿

牺牲生命	遭人耻笑
勃然大怒	大为惊讶
吃苦受累	维护荣誉
哀叹命苦	忍气吞声

6. नीचे दिये विशेषणों के लिये निम्नलिखित संज्ञाओं में से एक-एक चुनिये, जो उचित हो:

साधारण	वाणी
टूटी-फूटी	क्रान्तिकारी
विख्यात	परिवार
कातर	व्यक्ति
ईमानदार	झोंपड़ी

7. निम्नलिखित शब्दों या मुहावरों को अपने वाक्यों में प्रयुक्त कीजिये:

（1）भरोसा होना　　　（5）आँख फेरना

（2）हाथ में होना　　　（6）वायदा करना

（3）यों ही　　　　　（7）संबंध रखना

（4）कष्ट करना　　　（8）डर लगना

8. चीनी वाक्यों का हिन्दी में अनुवाद कीजिये:

（1）听班长说老师病了，咱们去看看他吧。

（2）我早就对你说过，别上他的当，可你不听。

（3）就学习来说，我们班里没有人比得上他。

（4）这钱你自己留着吧，我并不缺钱用。

（5）像他这样优秀的学生我们系里有不少。

पन्द्रहवाँ पाठ　गिरगिट (२)

(6) 你问这个做什么？没什么，随便问问。
(7) 太麻烦您了，非常感谢。
(8) 我很明白他的意图，他是想一箭双雕。
(9) 你不能光考虑自己，也要为别人着想。
(10) 这话你听谁说的？我一点消息都不知道。
(11) 你究竟怎么了，为什么这么不高兴？
(12) 他答应过要过来，怎么到现在还没来？
(13) 他没有说要来，不然他早就到了。
(14) 你的缺点就是太骄傲，什么事都自以为是。
(15) 你只有改正自己的缺点，才能和同学们保持良好关系。
(16) 瞧您说的，您把我看成什么人了？
(17) 他热爱祖国胜过一切。
(18) 为了人民的利益不惜牺牲生命的人才是真正的英雄。
(19) 当代大学生应该成为什么样的人，这个问题我想了很久了。
(20) 没有同学们的帮助，我不会取得这么大的成绩。

9. निम्नलिखित प्रश्नों के उत्तर दीजिये:

(1) रंजना के पिता ने क्यों कहा कि प्रदीप अपने आप को गाली दे रहा है?
(2) रंजना के पिता ने प्रदीप से यह क्यों कहा कि वह सरासर झूठ बोल रहा है?
(3) कम्पनी के बोर्ड ऑफ़ डायरेक्टर्स की बैठक में प्रदीप का केस क्यों आ रहा था?
(4) रंजना के पिता ने क्यों कहा कि प्रदीप बड़ी जल्दी गिरगिट की तरह रंग बदल लेता है?
(5) रंजना का सलेक्शन उस की योग्यता के कारण हुआ या किसी और कारण

से और क्यों?

(6) जब रंजना को मालूम हुआ कि प्रदीप की नौकरी से छुट्टी हो रही है, तो उस ने 'गुड यूज़' क्यों कहा?

(7) प्रमिला कैसी लड़की थी? उस का प्रदीप से क्या संबंध था?

(8) रंजना ने क्यों कहा कि अब वह प्रदीप जैसे आदमी से कोई संबंध नहीं रखना चाहती?

(9) रंजना के पिता ने क्यों कहा कि प्रदीप एक पत्थर से दो शिकार करना चाहता है?

(10) इस नाटक के अन्त में क्या हुआ?

10. इस नाटक का साराँश सुनाइये।

11. तीन विद्यार्थी इस नाटक को खेलें।

सोलहवां पाठ

लक्ष्मीबाई की समाधि

इस समाधि में छिपी हुई है,
एक राख की ढेरी।
जलकर जिसने स्वतन्त्रता की,
दिव्य आरती फेरी।।

यह समाधि, यह लघु समाधि है,
झांसी की रानी की।
अन्तिम लीला-स्थली यही है,
लक्ष्मी मर्दानी की।।

यहीं कहीं पर बिखर गई वह,
भग्न विजय-माला-सी।
उसके फूल यहां संचित हैं,
है यह स्मृति-शाला-सी।।

सहे वार-पर-वार अन्त तक,
लड़ी वीर-बाला-सी
आहुति-सी गिर, चढ़ी चिता पर,
चमक उठी ज्वाला-सी।।

बढ़ जाता है मान वीर का,
रण में बलि होने से।
मूल्यवती होती सोने की,
भस्म यथा सोने से।।

रानी से भी अधिक हमें अब,
यह समाधि है प्यारी।
यहां निहित है स्वतन्त्रता की,
आशा की चिनगारी।।

इस से भी सुन्दर समाधियां,
हम जग में हैं पाते।
उन की गाथा पर निशीथ में,
क्षुद्र जन्तु ही गाते।।

पर कवियों की अमर गिरा में,
इस की अमिट कहानी।
स्नेह और श्रद्धा से गाती,
है वीरों की वानी।।

सोलहवां पाठ   लक्ष्मीबाई की समाधि

बुन्देले हरबोलों के मुख,
हमने सुनी कहानी।
खूब लड़ी मरदानी वह थी,
झांसी वाली रानी।।

यह समाधि, यह चिर-समाधि,
है झांसी की रानी की।
अन्तिम लीलास्थली यही है,
लक्ष्मी मरदानी की।।

(सुभद्राकुमारी चौहान)

 शब्दावली

समाधि (阴) 坟墓，陵墓
राख (阴) 灰，骨灰
ढेरी (阴) 一小堆，堆
दिव्य (形) 非人间的，超自然的，非凡的
आरती (阴) 敬神时放油灯的托盘
लघु (形) 小的
लीला (阴) 表演，演戏
स्थली (阴) 陆地，地方
मर्दाना (形) 英勇的，有男子气概的
भग्न (形) 断了的

विजय (阴) 胜利
माला (阴) 花环
संचित (形) 收集在一起的，保存的
स्मृति-शाला (阴) 纪念馆
बाला (阴) 女人；少女
वार (阳) 打击，攻击，进攻
चिता (阴) 焚烧尸体用的柴火堆；焚尸架
ज्वाला (阴) 火，火焰
मान (阳) 荣誉
रण (阳) 战争，战斗

बलि (阴) 祭品，供品
---होना 牺牲
मूल्यवती (形) 珍贵的，宝贵的
भस्म (阴) 灰，灰烬
यथा (副) 如，像；如上所述
निहित (形) 蕴藏的；包含的
चिनगारी (阴) 火花，火星
जग (阳) 世界
निशीथ (阳) 半夜，深更半夜
क्षुद्र (形) 小的，微小的

जन्तु (阳) 动物
गिरा (阴) 美丽的诗篇
अमिट (形) 不朽的
श्रद्धा (阴) 崇敬
वानी (वाणी) (阴) 舌头；声音
बुन्देला (阳) 本德尔肯特（章西附近的地区）人
हरबोला (阳) 中世纪印度教战士
मुख (阳) 口，嘴
चिर (形) 长久的，古老的

 टिप्पणियाँ

लेखक-परिचय——श्रीमती सुभद्राकुमारी चौहान (1904-1947) प्रसिद्ध महिला कवि थीं। पन्द्रह वर्ष की आयु में कविता रचने लगीं। देश के स्वतंत्रता-आंदोलन में उन्होंने सक्रिय भाग लिया था और कई बार जेल-यात्राएं भी कीं। उन्हें उन की कविताओं के लिये पुरस्कार भी प्राप्त हो चुके हैं।

1. 章西王公夫人拉克希米巴依是1857年印度民族大起义中一位著名的女英雄。她在抗击英国殖民军的战斗中奋不顾身，率领民众，英勇杀敌，终因寡不敌众，壮烈牺牲。拉克希米巴依的英雄事迹在印度广为传诵，永远受到印度人民的崇敬和怀念。这首诗就是歌颂这位巾帼英雄的。

2. जलकर जिस ने स्वतंत्रता की,
   दिव्य आरती फेरी।

   आरती 是敬神的一种方式，即用手托着放有油灯的铜盘在神像面前划圈，以示崇敬和奉献。这里 आरती 指放油灯的托盘，आरती फेरना 即托着托盘划圈，比喻奉献。

3. अंतिम लीला-स्थायी यही है,
   लक्ष्मी मर्दानी की॥

   （1）अंतिम लीला स्थली 意即"牺牲的地方"。
   （2）लक्ष्मी मर्दानी 为 मर्दानी लक्ष्मी 的倒装。

4. सहे वार-पर-वार अन्त तक,
   लड़ी वीर-बाला-सी।

   वार-पर-वार 意思是"一次又一次地攻击"。
   在两个重叠的名词中间插入后置词 पर，表示"一个接一个"。又如：

   वर्ष-पर-वर्ष बीतता गया।
   一年年过去了。
   घर से चिट्ठी-पर-चिट्ठी आती है, पर वह जवाब नहीं देता।
   家里接二连三地来信，可他不回信。

5. आहुति-सी गिर, चढ़ी चिता पर,
   चमक उठी ज्वाला-सी॥

   这里 आहुति 指投入祭火中的祭品。गिर 为完成分词省略 कर。

आहुति-सी गिर 意思是"像祭品投入祭火"。

6. बुन्देले हरबोलों के मुख,
   हमने सुनी कहानी।

   句中 के मुख 后面省略 से，意思是从"……的口中（听到）"。

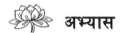 अभ्यास

1. उच्चारण कीजिये:

लक्ष्मीबाई	समाधि	दिव्य	झांसी	भग्न	ज्वाला
रण	बलि	चिनगारी	क्षुद्र	स्नेह	अमिट
श्रद्धा	चिर				

2. इस कविता को ऊंची आवाज़ से पढ़िये और रटकर सुनाने की कोशिश कीजिये:

शब्द-भंडार

अ

अंतर	（阳）	区别，区分	7
अंधेरा	（形）	黑暗的	5
	（阳）	黑暗	11
मुंह अंधेरे		黎明前，天不亮	11
अग्रिम	（形）	预付的（款项）	5
अच्छाई	（阴）	好处；优点	12
अजी	（感叹）	哎！喂！	6
अड्डा	（阳）	聚集地，基地	8
अतीत	（阳）	过去	5
अधिकतर	（形）	比较多的，多数的	1
अधिकारी	（阳）	当权的人，官员	9
अन-उपजाऊ	（形）	贫瘠的	8
अनएम्पलायमेण्ट	（阴）	（英）失业	14
अनगिनत	（形）	无数的	4
अनर्थ	（阳）	不幸，灾祸	11
अनुच्छेद	（阳）	（文章）段，段落	1
अनुदेशक	（阳）	教导者，教诲者	2
अनुनय	（阳）	请求，哀求	12

अनुनय-विनय		殷切地恳求	12
अनुभव	（阳）	经验，体会	1
अनुरोध	（阳）	要求	2
से---का अनुरोध करना		要求……做……	2
अनोखा	（形）	新奇的，奇特的	9
अपनाना	（及）	采取，采用	3
अपने आप	（代）	自己	6
अबोध	（形）	无知的，不懂事的	7
अभाव	（阳）	缺少，缺乏	2
के अभाव में		由于缺乏……	2
अभिनन्दन	（阳）	祝贺	8
का अभिनन्दन करना		祝贺	8
अभिलाषा	（阴）	愿望，希望	4
अमर	（形）	不朽的	10
अमिट	（形）	不朽的	16
अर्थ	（阳）	意义	1
अर्पित	（形）	交给的，献给的	10
श्रद्धांजलि अर्पित करना		哀悼，致哀	10
अलग	（形）	特殊的，不一般的	7
अलग ही		格外地	7
अलग	（形）	单独的，另外的	13
अलग-अलग	（形）	不同的，各种各样的	3
अवलोकन	（阳）	观看，观察	5
का अवलोकन करना		观看，观察	5
अवशिष्ट	（形）	留下的，剩下的，残余的	13
अवश्य	（副）	必定，肯定	1
अशक्त	（形）	无力的	15

शब्द-भंडार

अशान्त	（形）	不安静的，不平静的	7
असीम	（形）	无限的	12
अहंकार	（阳）	自傲，自高自大	12
अहसास	（阳）	感觉	2
का अहसास होना		感觉	2

आ

आंगन	（阳）	庭院，院子	13
आंच	（阴）	热，热量	10
आंदोलन	（阳）	运动	10
आंदोलन चलाना		发动运动，开展运动	10
आकाशवाणी	（阴）	印度广播电台	5
आक्रमण	（阳）	进攻；侵略	5
आख़िर	（副）	毕竟，究竟	7
आग-बबूला	（形）	发火的，生气的	6
आग-बबूला होना		气急败坏	6
आगा	（阳）	未来，将来	1
आचरण	（阳）	行动；行为；品行	4
का आचरण करना		依……行事	4
आज्ञा	（阴）	命令	8
की आज्ञा लेना		接受命令，遵……之命	8
आड़	（阴）	掩护，遮蔽	10
आदर	（阳）	尊敬	3
आदर मिलना		受到尊敬	3
आदर्श	（阳）	理想	13
आदेश	（阳）	指示，命令	12
आदेश देना		指示，命令	12
आधुनिक	（形）	现代的	13

आनाकानी	（阴）	支吾	12
आनाकानी करना		支吾	12
आ पड़ना	（不及）	猛然落下	10
आपस में		相互间	6
आपा	（阳）	自我；自制力	6
आपे से बाहर होना		（由于愤怒）失去自制力，控制不住自己	6
आभूषण	（阳）	首饰	4
आरती	（阴）	敬神时放油灯的托盘	16
आवश्यकता	（阴）	需要，必要	1
की आवश्यकता पड़ना		需要，必要	1
आवेग	（阳）	（感情）冲动，（怒气）发作	7
आश्चर्यचकित	（形）	惊讶的，感到奇怪的	5
आश्रम	（阳）	修道院；静修林	8
आसानी	（阴）	容易	4
आसानी से		容易地	4
आस्ट्रेलिया	（阳）	澳大利亚	3
आहुति	（阴）	祭品；牺牲	10
की आहुति देना		牺牲	10

इ

इंटरव्यू	（阳）	（英）（对申请工作者）口头审查，面试	14
इंटरव्यू देना		参加口头审查（面试）	14
इकट्ठा	（形）	集合起来的，汇集起来的	8
इच्छा	（阴）	愿望	12
इच्छा पूरी होना		愿望满足	12
इतराना	（不及）	装腔作势；妄自尊大	6
इनाम	（阳）	奖赏，资金	10

इशारा	（阳）	示意，暗示；手势	2
का इशारा करना		示意，暗示……	2
		ई	
ईमानदार	（形）	诚实的，可信任的	11
ईसाई	（阳）	基督教徒	8
		उ	
उंगली	（阴）	手指	9
उचित	（形）	适当的，合适的	1
उच्चतम	（形）	最高的	13
उजड्ड	（形）	不文明的，粗鲁的	6
उजला	（形）	光亮的	5
उजाला	（阳）	光亮，光辉	8
उठवाना	（及）	（उठाना的致使）使抬起，使举起	9
उतरना	（不及）	下，下来	5
उतारना	（及）	使上岸，使着陆	9
उतारना	（及）	卸下	5
उतारना	（及）	摘下；脱去；摆脱	15
उतार फेंकना		摆脱，扔掉	15
उत्तर	（阳）	回答	2
उत्तेजना	（阴）	刺激，激动	7
उदास	（形）	不悦的，悲伤的，闷闷不乐的	4
उदासी	（阴）	悲伤，忧愁	4
उद्योग	（阳）	工业	8
उधेड़ना	（及）	揭开，拆开	15
परतें उधेड़ना		揭露，揭穿	15
उधेड़बुन	（阴）	思索，踌躇	4

उन्मुक्त	（形）	开着的，未被束缚的，自由的	7
उपज	（阴）	产物，产品	1
उपदेश	（阳）	教训，教导	4
उपनगर	（阳）	郊区；卫星城	5
उपयुक्त	（形）	合适的，适当的	5
उपयोग	（阳）	利用，使用	3
का उपयोग करना		利用，使用	3
उपस्थित	（形）	出现的，出席的	9
उपहार	（阳）	礼物	5
उपाय	（阳）	办法，方法	10
उपेक्षा	（阴）	忽视，不理睬	4
की उपेक्षा करना		忽视，不理睬	4
उफ़	（阴）	（感）哎哟（叫痛声）	10
उफ़ करना		发出哎哟声	10
उबलना	（不及）	滚沸，沸腾	12
उबल पड़ना		突然发怒，大发脾气	12
उभरना	（不及）	成长，生长；成熟	3
उलटा	（形）	相反的	11
उल्टा	（形）	相反的	6
उल्टे पांव(उलटना)		马上（返回）	6

ऊ

ऊदबिलाव	（阳）	水獭	6

ऋ

ऋषि	（阳）	修道士；隐居者	8
ऋषि भूमि		修道所；隐居地	8

ए

एक-तिहाई	（数）	三分之一	3

एकत्रित	（形）	聚集起来的	9
एकरूपता	（阴）	一致，统一	3
एकरूपता में लाना		使……统一	3
एकान्त	（形）	无人的	7
एक्सप्रेस	（阴）	（英）特别快车	7
एम्प्लायड	（形）	（英）有职业的	14
एहसास	（阳）	体会，感觉	7
		ऐ	
ऐतिहासिक	（形）	历史的，历史上的	5
ऐशो-आराम	（阳）	舒适，安乐	12
		ओ	
ओंठ	（阳）	唇	1
ओट	（阴）	掩护，掩藏	10
की ओट में छिप जाना		躲在……后面	10
ओस	（阴）	露水	4
		औ	
औरत	（阴）	女人	12
और भी		更，更加	6
		क	
कंगन	（阳）	手镯	4
कचहरी	（阴）	法庭，法院	10
कड़वा	（形）	苦的；辛辣的，尖刻的（话）	11
कड़वा बोलना		说话尖刻，说话难听	11
कथा	（阴）	故事	8
कदम	（阳）	脚步，步伐	15
कदम रखना		踏入	15
कनाट सर्कस	（阳）	市场名	5

कनाडा	（阳）	加拿大	3
कन्या	（阴）	女孩，姑娘	8
कब्ज़ा	（阳）	控制，掌握	12
को कब्ज़े में करना		控制……，掌握……	12
कमल	（阳）	莲花	8
कमाई	（阴）	挣得的钱；收入	11
कमी	（阴）	缺少	15
कमीना	（形）	下贱的，卑鄙的	6
करछुल	（阴）	锅铲	14
करछुल चलाना		用铲子铲	14
करीब	（副）	大约	3
करुण	（形）	悲哀的；有怜悯心的	7
करुणा	（阴）	怜悯心，同情心	7
कर्कशा	（形）	好吵闹的（女人）	11
कलमुंहा	（形）	没脸的，该死的	6
कलाई	（阴）	手腕	10
कलाई पर गोली लगना		手腕中弹	10
कल्पना	（阴）	想象	5
कष्ट	（阳）	麻烦	15
कष्ट करना		麻烦，费力	15
काकोरी		地名	10
कांग्रेस	（阴）	印度国大党	10
काटना	（及）	切，割	6
लहरों को काटना		破浪，迎着浪头	6
कातर	（形）	哀伤的，悲哀的	11
काफ़ी	（形）	足够的	2
काम	（阳）	事情；工作，活动	3

शब्द-भंडार

काम चलना		使用；顶用，行得通	3
कारोबार	（阳）	事务；营业	3
कार्य	（阳）	工作，任务	1
कार्य चलाना		进行工作	1
कालीन	（阳）	地毯	13
किताबी	（形）	书面的	3
किधर	（副）	向哪里，往哪里	5
कि.मी.		公里	2
किरानी	（阳）	小职员，文书（旧时用语）	7
किसी तरह		好歹，勉强	2
किस्सा	（阳）	事情，情况	15
की भांति=की तरह		像……一样	4
कील	（阴）	钉子	14
कुआं	（阳）	井	13
कुछ ऐसा	（形）	非常的，特殊的	6
कुछ न कुछ		不论什么，至少	5
कुटी	（阴）	茅屋；小屋	8
कुशलता	（阴）	才干，技能	1
कूदना	（不及）	跳下，跃入	10
आंदोलन में कूद पड़ना		参加运动	10
कैण्डीडेट	（阳）	报考者，申请（职位）者	14
के अतिरिक्त	（后）	除……之外	13
के अनुरूप	（后）	按照……，适应……	13
के अन्दर	（后）	在……里面	1
के कथनानुसार	（后）	根据……所讲的	5
के निकट	（后）	靠近……，在……附近	10
के पश्चात	（后）	के बाद	5

के फलस्वरूप	（后）	由于……的结果	13
के बजाय	（后）	代替	5
के बिना	（后）	没有……，不……，除了	1
के भरोसे	（后）	依靠	12
के रूप में	（后）	作为……	3
के विरुद्ध	（后）	反对	10
केस	（阳）	（英）情况，实情；案件	15
क़ैदी	（阳）	囚犯	7
कैमरा	（阳）	（英）照相机	5
कोई न कोई		总有某个，不是这个就是那个	4
कोच	（阳）	卧椅，沙发	13
कोठरी	（阴）	小房屋，小屋	13
कोसना	（及）	诅咒，咒骂	12
भाग्य को कोसना		哀叹命苦，抱怨命苦	12
कौशल	（阳）	才干，本领，技巧	1
क्रांतिकारी	（阳）	革命者	10
	（形）	革命的	10
क्षण	（阳）	刹那	4
क्षण में		刹那间	4
क्षेत्र	（阳）	领域，方面	1
क्षुद्र	（形）	小的，微小的	16

ख

ख़ज़ाना	（阳）	金库；银钱	10
खटराग	（阳）	争吵，争执	7
ख़बर	（阴）	消息	6
को ख़बर होना		……有消息，听说，知道	6
की ख़बर लेना		教训……，惩罚……	6

की ख़बर देना		通知……，告发……	10
ख़राबी	（阴）	缺点，坏处；不幸	15
खर्च	（阳）	花费，开销	7
खर्राटा	（阳）	鼾声	5
खर्राटा लेना		打鼾；酣睡	5
खाई	（阴）	壕沟；鸿沟	3
ख़ातिर	（阴）	招待，款待	12
की ख़ातिर करना		招待……，款待……	12
खाद्य	（形）	可食的，食用的	12
खाल	（阴）	皮	6
ख़ाली	（形）	空的	2
ख़ाली करना		空出，让出	2
खींचना	（及）	拉，扯	6
खुजलाना	（不及，及）	痒，发痒；抓痒	6
सिर खुजलाना		头发痒，想……	6
खुदना	（不及）	挖，雕	8
खुदवाना	（及）	（खोदना的致使）使挖，使挖掘	13
खुफ़िया	（形）	秘密的，隐蔽的	10
खुफ़िया पुलिस		秘密警察	10
खुराफ़ाती	（形）	使人不安的，制造纠纷的	12
खुलना	（不及）	开，敞开	13
खुलवाना	（及）	使开，使打开	15
मुंह खुलवाना		使开口，使讲话	15
खुशहाली	（阴）	幸福	14
खूबसूरत	（形）	好看的，漂亮的	6
खूबसूरती	（阴）	美丽，漂亮	6
खेती-बाड़ी	（阴）	农活	8

खोना	（不及，及）	丢	7
	ग		
गंभीर	（形）	严肃的	4
गंवार	（形，阳）	大老粗，土包子	6
गज़	（阳）	码（0.914米）	10
गद्देदार	（形）	有软垫的	13
गरम	（形）	热的	13
हाथ गरम करना		给钱，行贿	13
ग़रीब	（形）	贫穷的	3
गलती	（阴）	错误	1
गांठ	（阴）	结，绳结	15
से गांठ जोड़ना		与……建立密切关系	15
गांधी		甘地	10
गाथा	（阴）	诗歌；故事	12
दुख-गाथा		痛苦经历；苦处，伤心事	12
गाली	（阴）	骂人的话	6
गिरगिट	（阳）	变色龙	14
गिरता-पड़ता	（副）	艰难地，跌跌撞撞地	12
गिरफ़्तार	（形）	被逮捕的	10
गिरफ़्तार होना		被捕	10
गिरफ़्तार करना		逮捕	10
गिरफ़्तारी	（阴）	逮捕	10
गिरफ़्तारी होना		被逮捕	10
गिरा	（阴）	美丽的诗篇	16
गुज़रना	（不及）	经过	3
गुण	（阳）	品行，美德	1
गुणवान	（形）	具有优良品德的	1

गुदगुदा	（形）	软的，柔软的	13
गुल	（阳）	玫瑰花，花	4
गुल खिलाना		搞新花样，作出奇异的事情	4
गुलदस्ता	（阳）	花束	7
गुलाम	（阳）	奴隶	11
गुस्सा	（阳）	怒，怒气	6
गुस्से से लाल होना		非常生气	6
गृहस्थ	（阳）	结婚成家，（居家）之人	13
गेंद	（阴）	球	7
गेट	（阳）	（英）门，城门	5
गोता	（阳）	潜水	6
गोता लगाना		潜水	6
गोद	（阴）	怀抱	2
गोद में लेना		抱在怀里	2
गो-पालन	（阳）	养牛	8
गोली	（阴）	子弹，枪弹	7
गोली मार देना		打死，枪毙	7
गोली चलाना		打枪，射击	10
गोली चलना		开枪	10
ग्रहण	（阳）	获得，得到	4
ग्रहण करना		接受；取得	4
ग्राम	（阳）	村庄	8
ग्रामीण	（形）	农村的	8
ग्राम्य	（形）	**ग्रामीण**	8

घ

घंटी	（阴）	铃	13
घबड़ाना(घबराना)	（不及）	惊慌，不安	3

घराना	（阳）	家族，家庭	6
घिसना	（及）	磨，摩擦	11
हड्डियां घिसना		吃苦受累，做艰苦劳动	11
घुमाना	（及）	使转动	4
घूरना	（不及）	怒视	14
घोर	（形）	严酷的；可怕的；巨大的	7
घोषित	（形）	被宣布的，被宣告的	10
घोषित करना		宣布，宣告	10

च

चंद्रशेखर आज़ाद		人名	10
चकराना	（不及）	吃惊，惊恐	9
चक्कर	（阳）	圆圈；漩涡	14
चक्कर में पड़ना		受骗，上当；陷入困境	14
चढ़ना	（不及）	登上，乘坐（车等）	5
चढ़ाई	（阴）	进攻，攻击	6
पर चढ़ाई करना		进攻……，攻击……	6
चढ़ाना	（及）	安上，装上	5
चन्दा	（阳）	捐款	8
चन्दा करना		捐款	8
चमकदार	（形）	闪闪发光的，发亮的	6
चमकना	（不及）	闪闪发光	4
चरण	（阳）	脚	8
चल देना		出发，动身	11
चलना	（不及）	遵循，执行	2
पर चलना		遵循（执行）……	2
चल पड़ना		出发，起程	5
चहलकदमी	（阳）	踱步，散步	15

चहलकदमी करना		踱步，散步	15
चांदी	（阴）	银子	6
चाकलेट	（阳）	巧克力	7
चाकू	（阳）	刀子，小刀	9
चापलूसी	（阴）	奉承，拍马	15
चालाकी	（阴）	狡猾，狡猾手段	4
चालीस	（数）	四十	3
चालू	（形）	进行着的，开动的	8
चालू करना		开办，举办	8
चिह्न	（阳）	记号，符号；标记，标志	13
चित	（形）	仰卧的	6
चित हो जाना		仰卧，仰面朝天倒下	6
चिता	（阴）	焚烧尸体用的木柴堆，焚尸架	16
चित्रकला	（阴）	绘画	8
चित्रकार	（阳）	画家	5
चिनगारी	（阴）	火花；火星	16
चिन्तित	（形）	焦急的，不安的	15
चिपकाना	（及）	贴，粘合	14
छाती से चिपकाना		拥抱	14
चिर	（形）	长久的，古老的	16
चिरपोषित	（形）	久怀心中的	4
चिरशान्ति	（阴）	长眠，逝世	7
चीत्कार	（阳）	喊声	7
चीत्कार करना		喊叫	7
चुपचाप	（副）	安静地，不声不响地	2
चैन	（阳）	安逸，舒适，安静	7
चैन लेना		安心，放心	7

चोटी	（阴）	顶端	5
चोर	（阳）	小偷，窃贼	8
चौधरी	（阳）	村长；一种尊称	7
चौबीस	（数）	二十四	13
चौबीसों घंटे		二十四小时	13
चौराहा	（阳）	十字路口	14

छ

छड़ी	（阴）	手杖；棍子	14
छत	（阴）	屋顶，天花板	15
छलांग	（阴）	跳跃；跃进	12
छलांग करना		跳跃；跃进	12
छवि	（阴）	美丽；形象	5
छह	（数）	六	3
छिड़ना	（不及）	被挑起	7
छिपना	（不及）	藏，隐藏	10
छीनाझपटी	（阴）	争夺，抢夺	7
छुट्टी	（阴）	空闲；假日；解脱	15
नौकरी से छुट्टी होना		失去工作，被解职	15
छुड़ाना	（及）	使解脱；使解除；救出	4
छूटना	（不及）	脱开，脱落	10
छेदना	（及）	穿孔，打穿	10
छोड़ना	（及）	释放	10

ज

ज़ंग	（阳）	锈，铁锈	5
जंगली	（形）	野的，野生的；森林的	4
जंचना	（不及）	觉得合适，觉得对	11
जग	（阳）	世界	16

शब्द-भंडार

जगत्	（阳）	世界	5
जगना	（不及）	醒，睡醒，发生，引起（兴趣）	10
जग-हंसाई	（阳）	遭人耻笑；名声扫地	11
जगह	（阴）	地方；地位	3
की जगह लेना		代替（取代）……	3
जगह-जगह	（副）	处处，各地	13
जगाना	（及）	使醒，唤醒	5
जड़	（阴）	根，根源	7
जड़ना	（及）	镶嵌	4
जनगणना	（阴）	人口统计，人口统计	3
जनसंख्या	（阴）	人口	3
जनसमूह	（阳）	人群；群众	8
जन्तु	（阳）	动物	16
जन्मदिन	（阳）	生日	8
जन्मभूमि	（阴）	故乡；祖国	10
ज़बान	（阴）	语言；舌头	15
ज़बान पर आना		说，提到	15
जमाना	（及）	集中，召集	6
जल	（阳）	水	11
जल देवी		水神	11
जलना	（不及）	烧，燃烧	10
जलना	（不及）	烧焦，烤焦	14
जलाना	（及）	烧，点燃	10
जलियांवाला		查利亚（公园）	10
जवानी	（阴）	青春，青年时期	11
जांघ	（阴）	大腿	10
जांघ में गोली लगना		腿上中弹	10

जांच	（阴）	检查，检验	1
जाति-पांति	（阴）	种姓	8
जादू	（阳）	魔法；魔力；魅力	8
जान	（阴）	生命	7
जान खाना		要命，伤脑筋	7
जाहिल	（形）	未开化的，没有文化头脑又笨的	12
ज़िद्दी	（形）	顽固的，固执的	12
ज़िन्दा	（不变形）	活的，活着的	10
ज़िम्मेदारी	（阴）	责任	3
पर ज़िम्मेदारी आना		……担负责任	3
जी	（阳）	心	6
जी चाहना		心想……，想要……	6
जीना	（不及）	生活，活	7
जीवन	（阳）	生存能力，活力	8
में जीवन डालना		赋予……以生存能力	8
जीवन भर		一生，一辈子	7
जीवनी	（形）	生命的，生活的	7
जेब	（阴）	衣袋，口袋	5
जेलखाना	（阳）	监狱，牢房	10
जैसे	（连）	好像	2
जैसे-तैसे	（副）	很费力地；勉强地	11
जोड़ना	（及）	连接，合（掌）	9
हाथ जोड़ना		双手合十，作揖	9
ज़ोर	（阳）	力量	7
ज़ोर मारना		起作用；施加影响	7
ज़ोरदार	（形）	强有力的	7

जोहना	（及）	注视	6
की बाट जोहना		等待……	6
ज्यों-ज्यों…त्यों-त्यों…		随着……，这时……	3
ज्यों ही…त्यों ही…		刚刚……就在这时，一……就……	6
ज्वाला	（阴）	火，火焰	16

झ

झटका	（阳）	冲击，冲撞	15
झटके से		急速地	15
झमेला	（阳）	麻烦事，难办的事	14
झाड़ना	（及）	谈论	14
झिझक	（阴）	犹豫	1
झिझकना	（不及）	犹豫	2
झुंड	（阳）	一群，一伙	4
झुकाना	（及）	低下，弯下	6
सिर झुकाना		低头	6

ट

टक्कर	（阴）	冲突；竞赛，比赛	15
टक्कर का		相等的，比得上的	15
टरकाना	（及）	移动；推托；摆脱	15
टहलना	（不及）	走，散步	6
टांग	（阴）	腿	4
टाउन-हाल	（阳）	市政厅	8
टिप्पणी	（阴）	注释，注解	1
टुकड़ा	（阳）	一块，一片	14
टूटा-फूटा	（形）	破烂的，破碎的	12
टोकरी	（阴）	篮子	11

टोन	(阴)	(英)腔调,语气,口吻	14
ट्रेन	(阴)	火车	5

ठ

ठहाका	(阳)	大笑,哈哈大笑	15
ठहाका लगाना		大笑,哈哈大笑	15
ठानना	(及)	决定,下决心	10
ठिठकना	(不及)	突然停住,呆立	6

ड

डंका	(阳)	大鼓	9
डर	(阳)	怕,害怕	3
से डर लगना		对……感到可怕	3
डांटना	(不及)	斥责,训斥	11
डायन	(阴)	女巫	6
डायरेक्टर	(阳)	(英)主任	15
डालना	(及)	放入,装入	9
डाली	(阴)	树枝	8
डिब्बा	(阳)	车厢	13
डीज़ल	(阳)	柴油	2
डूबना	(不及)	沉下,沉没	9
डोम	(阳)	多姆人(以火化尸体为业的种姓)	8
डोल	(阳)	桶,铁桶	13
ड्योढा	(数)	一倍半;加半倍	13
ड्रेस	(阴)	(英)衣服	7

ढ

ढेर	(阳)	堆	9
ढेर लगाना		聚积成堆,堆在一起	9

ढेर सारा	（形）	成堆的；成群的；极多的	11
ढेरी	（阴）	一小堆，堆	16
ढोना	（及）	背，驮	8

त

तंग	（形）	苦恼的，烦恼的	2
तंग करना		使苦恼，使烦恼	2
तगड़ा	（形）	健壮的，壮实的	9
तट	（阳）	岸	11
तत्काल	（副）	立刻，当即	10
तत्क्षण	（副）	立刻，顿时	12
तत्पर	（形）	准备好了的	14
तत्पर होना		准备	14
तन	（阳）	身体	6
तना	（阳）	树干，树身	4
तपस्या	（阴）	苦行	4
तपस्या करना		苦行，修炼	4
तपिश	（阴）	热	14
तपोभूमि	（阴）	修行的地方	8
तभी	（副）	正因如此，正在这时	7
तमतमाना	（不及）	（因发怒或太阳晒）面孔发红	15
तमाचा	（阳）	巴掌，耳光	7
तमाचा जमाना		打耳光	7
तमाशा	（阳）	（马戏等的）表演，把戏	9
तमीज़	（阴）	本事；懂行	6
की तमीज़ होना		会……，懂……	6
तय(तै)	（形）	完成的；决定的	2
तय करना		完成；决定	2

तय	（阳）	决定	5
तय	（形）	决定的	5
तय होना		决定	5
तरह	（阴）	方式，方法	15
हर तरह से		以各种方式，从一切方面	15
तलाश	（阴）	寻找	6
की तलाश में		寻找……	6
तले(...के तले)	（后）	在……下面	9
तल्लीन	（形）	专心的	7
में तल्लीन होना		专心于	7
तांगा	（阳）	二轮马车	5
तांगेवाला	（阳）	马车夫	5
तांता	（阳）	一排；一队，长队	4
तांता लगना		连成一排；结成长队	4
ताक	（阴）	注视	4
पर ताक लगाना		注视……；观察……；等待机会	4
ताक-झांक	（阴）	注视；伺机	6
ताल	（阳）	水池	6
तिकड़म	（阳）	阴谋，诡计	14
तिरस्कार	（阳）	轻视，蔑视	4
तिल	（阳）	芝麻	9
तिल रखने की भी जगह न होना		没有插足的地方，非常拥挤	9
तिलक	（阳）	订婚时女方给男方的钱财	7
तिलमिलाना	（不及）	不安，焦急	15
तीर्थ	（阳）	圣地	8
तूफ़ान	（阳）	暴风雨；混乱	11

तूफ़ान खड़ा करना		闹事；大吵大闹	11
तेज़	（形）	强烈的	10
तेज़ी	（阴）	快，迅速	1
तैरना	（不及）	游泳；漂动	6
तोलवाना	（及）	तौलना的致使动词	9
तौलना	（及）	称重量	9
त्रुटि	（阴）	缺点，缺陷	13

थ

थप्पड़	（阳）	耳光	7
थप्पड़ खाना		挨耳光	7
थमाना	（及）	递，交	14
थाल	（阳）	盘子	8

द

दंड	（阳）	惩罚	4
दम्पति	（阳）	夫妇	11
दबाना	（及）	压	9
दांतों तले उंगली दबाना		大为惊讶，极为惊讶	9
दम	（阳）	呼吸	10
दम लेना		喘气；休息	10
दयालु	（形）	仁慈的，善心的	4
दरबार	（阳）	宫廷；宫廷会议	5
दरबारी	（阳）	宫中政务会议的成员，朝臣	9
दरिद्र	（形）	贫穷的	4
दर्दनाक	（形）	悲痛的；惨痛的	10
दर्शनीय	（形）	值得看的，好看的	5
दल	（阳）	团体，集团；政党	10
दहेज	（阳）	嫁妆，陪嫁物	7

दान	（阳）	施舍，捐献	4
दान करना		施舍，捐献	4
दान देना		给施舍	4
दानी	（形）	好施舍的	9
दामाद	（阳）	女婿	15
दिल हिलना		心里打颤，心惊肉跳	6
दिलाना	（及）	使交给	5
स्मरण दिलाना		提醒，使忆起	5
दिवास्वप्न	（阳）	白日梦	14
दिव्य	（形）	非人间的，超自然的，非凡的	16
दीखना	（不及）	显示，被看见	5
दीनताभरा	（形）	可怜的	7
दीवाने आम	（阳）	平民可以入内的宫廷接待室	5
दीवाने ख़ास	（阳）	只限王公大臣参加的机密会议厅	5
दुगुना	（数）	两倍；加一倍，加倍	13
दुत्कारना	（及）	（从身边）赶走，驱赶	14
दुत्कारना	（及）	赶走；责备	11
दुबारा	（副）	再一次，再	15
दुरुस्त	（形）	正确的	6
का मिज़ाज दुरुस्त करना		教训	6
दुर्भाग्य	（阳）	不幸，倒霉	11
दुलार	（阳）	（对小孩）亲热，抚爱	2
दुलार-मलार	（阳）	（对偶）亲热，抚爱	2
दुलार-मलार करना		亲热，抚爱	2
दुश्वार	（形）	困难的，艰苦的	11
दुश्वार करना		使困难，使难以……	11

दूभर	（形）	困难的	6
दूभर करना		使……变得困难，使难以……	6
देखभाल	（阴）	照料；保护	14
देवी	（阴）	女神；对妇女的尊称	8
देवेन्द्रनाथ		戴温德拉纳德	8
देहान्त	（阳）	去世，逝世	8
दो-एक	（数）	两三个，几个	7
दोष	（阳）	错误，过错；缺点	7
दौर	（阳）	时期，阶段	3

ध

धंधा	（阳）	职业；行为	8
धकेलना	（及）	推	7
धमकी	（阴）	威吓，威胁	12
की धमकी देना		拿……威吓，以……相威胁	12
धरती	（阴）	陆地，土地；世界	14
धरना	（及）	放置	6
धर्मशाला	（阴）	福舍，宗教会馆（通常为圣地朝拜者准备的住所）	5
धर्मात्मा	（形）	虔信宗教的；有道德的	4
धर्मात्मा	（阳）	有道德的人，圣人	
धाक	（阴）	声望；威信	9
धाक जमना		有声望；有威信	9
धुनना	（及）	痛打（本意为弹棉花）	7
धुलना	（不及）	被水洗	4
धूप	（阳）	阳光	4
धूम	（阳）	喧嚷；谈论	8
धूम मचना		喧嚷；谈论	8

धोखा	（阳）	欺骗	4
धोखा देना		欺骗	4
ध्यान	（阳）	注意	1
का ध्यान रखना		留意……，留心……	1
पर ध्यान देना		注意……	1
ध्वंसावशेष	（阳）	废墟	5

न

नंबर	（阳）	数目，号码	3
नज़र	（阴）	目光，视线	2
पर नज़र आना		看到，瞅见	2
नतीजा	（阳）	结果	6
नतीजा निकलना		得到结果	6
नब्ज़	（阴）	脉搏	15
नमक	（阳）	盐	6
नवनिर्मित	（形）	新建的	5
नापना	（及）	丈量	4
रास्ता नापना		走路，行走	4
नारायण	（阳）	那罗延（毗湿奴神）；神	5
नाविक	（阳）	船夫；水手	8
निकलवाना	（及）	（निकालना的致使动词）使取出	9
निगोड़ा	（形）	无用的，没有本事的	6
नित्य	（形）	经常的；日常的；每日的	11
नित्य	（副）	经常；每日	11
नित्य का		经常的，日常的	11
निबंध	（阳）	文章；散文；论文	1
निभाना	（及）	履行，遵守	2
फ़र्ज़ निभाना		尽义务，履行职责	2

शब्द-भंडार

निमंत्रण	（阳）	邀请	4
निमंत्रण देना		邀请	4
नियम	（阳）	规则	1
निरपराध	（形）	无罪的，无辜的	10
निर्दिष्ट	（形）	指定的，确定的	13
निर्माता	（阳）	建造者，缔造者	5
निर्मित	（形）	被建造的	13
निवास	（阳）	居住，居留	5
निवास स्थान		住所	5
निवेदन	（阳）	请求，恳求	9
निवेदन करना		请求，恳求	9
निशान	（阳）	记号，标志	9
निशान लगाना		作记号，作标志	9
निशीथ	（阳）	半夜，深更半夜	16
निश्चय	（阳）	决定	5
निश्चय करना		决定	5
निहित	（形）	蕴藏的；包含的	16
नीच	（形）	低级的，恶劣的	15
नीयत	（阴）	意图，动机	15
नेक	（形）	好的，善良的	6
नौकर	（阳）	仆人，佣人	13
नौकरी	（阴）	职务，公职	7
नौका	（阴）	船	5

प

पंखा	（阳）	扇子，风扇	13
पंचायत	（阴）	长老会，五老会（印度农村组织）	8

269

पंडित	（阳）	精通经典的婆罗门；婆罗门学者；学者	9
पगडंडी	（阴）	小路，羊肠小径	4
पचास	（数）	五十	3
पचासवां	（数）	第五十	8
पछतावा	（阳）	后悔	7
पछाड़	（阴）	（洗衣服时）摔打衣服	12
पछाड़ें मार मारकर रोना		捶胸顿足	12
पड़ोस	（阳）	邻居，邻近	7
पड़ोसी	（阳）	邻居，邻人	7
पढ़ाई-लिखाई	（阴）	读与写；教学；教育	3
पता	（阳）	消息，音信	8
पता लगना		知道，得知	8
पति	（阳）	丈夫	11
पति-पत्नी		夫妻	11
परत	（阴）	层，层叠	15
परस्पर	（形）	互相的，彼此的	1
पराधीनता	（阴）	附属，附庸，附庸地位	10
परिवर्तन	（阳）	变化，改变	13
परिस्थित	（阴）	情况；条件；环境	7
परीक्षा	（阴）	考试	3
पर्दा	（阳）	帘，幕	15
बुद्धि पर पर्दा पड़ना		愚蠢，脑筋不开窍	15
पर्याप्त	（形）	足够的，充分的	13
पलटना	（不及）	向后转；返回	6
पहचानना	（及）	认识	10
पहाड़ी	（形）	山的	7

शब्द-भंडार

पाइप	（阳）	（英）管子	13
पाख़ाना	（阳）	厕所，大便所	13
पाठ्यपुस्तक	（阴）	课本，教科书	1
पाप	（阳）	罪孽	4
पापा	（阳）	爸爸	7
पापी	（形）	有罪的，罪恶的	4
पार	（阳）	岸，边	4
इस पार		此岸	4
पारा	（阳）	水银	7
पारा चढ़ना		发怒，生气	7
पार्क	（阳）	（英）公园	10
पालन	（阳）	履行，遵守	2
का पालन करना		履行，遵守	2
पालना	（及）	抚养；饲养（家禽等）	11
पेट पालना		糊口，度日	11
पास	（形）	通过的，及格的	1
पास करना		通过，及格	1
पिछड़ना	（不及）	落后	8
पिटवाना	（及）	使打，使击打	9
डंका पिटवाना		使击鼓；使通知，使宣告	9
पिस्तौल	（阴）	手枪	10
पीटना	（及）	打	6
पीतल	（阳）	铜	6
पुकारना	（及）	招呼，呼喊	6
पुत्र	（阳）	儿子	7
पुत्री	（阴）	女儿	7
पुरस्कार	（阳）	奖励；奖金，奖品	9

271

पुलिस	(阴)	警察	10
पूर्ण	(形)	完全的；完成的	4
पूर्व	(副)	以前	4
…के पूर्व	(后)	在……之前	4
पेशाब-घर	(阳)	厕所，小便所	13
पैंट	(阳)	（英）西装裤	7
पैदा	(形)	出生的，产生的	7
पैदा करना		生，生产	7
पोंछना	(及)	擦	13
प्यारा	(形)	喜欢的，喜爱的	15
प्यासा	(形)	渴的，口渴的	11
भूखा प्यासा	(形)	没吃没喝的，又饿又渴的	11
प्रतिक्रिया	(阴)	反应	15
प्रतिज्ञा	(阴)	誓言	10
प्रतिमा	(阴)	塑像	10
प्रथम	(数)	第一	5
प्रदर्शक	(阳)	向导，指示者	5
प्रदर्शित	(形)	被表现出来的、被展示的	5
प्रदर्शित करना		表现	5
प्रबंध	(阳)	安排，筹办	7
का प्रबंध करना		安排，筹办	7
प्रभावित	(形)	受感动的	4
प्रयत्न	(阳)	努力	1
का प्रयत्न करना		努力	1
प्रयोग	(阳)	使用，运用	1
प्रसन्नतापूर्वक	(副)	愉快地；欣喜地	15
प्रस्ताव	(阳)	话题，建议	10

प्राब्लम	（阴）	问题	14
प्रारम्भ	（阳）	开始	5
प्रारम्भ करना		开始	5
प्रार्थना	（阴）	恳求，乞求	11
से प्रार्थना करना		……恳求，乞求……	11
प्रेमी	（阳）	情人	14

फ

फटकारना	（及）	斥责，骂	11
डांटना फटकारना		斥责，责骂	11
फटना	（不及）	撕裂，破裂	7
फटाफट	（副）	迅速地；接连不断地	7
फ़रवरी	（阴）	二月	8
फ़र्ज़	（阳）	义务，职责	2
फ़र्श	（阳）	地板，平整的经过加工的地面	13
फलदार	（形）	结果实的	8
फाड़ना	（及）	撕，撕破	7
फ़ासला	（阳）	距离	15
फ़ासला पूरा होना		距离消除	15
फांसी	（阴）	绞索	7
फांसी लगाना		套上绞索，绞死	7
फिराना	（及）	使翻转	4
फ़िलासफ़र	（阳）	（英）哲学家	14
फ़िलासफ़ी	（阴）	（英）哲学	14
फ़िल्म	（阴）	（英）电影	3
फुफकारना	（不及）	（发怒时）吐粗气	7
फूट	（阴）	分裂	6
में फूट डालना		制造分裂	6

फूटना	（不及）	爆发；发泄（感情）；破裂	7
फूट-फूटकर रोना		大哭，痛哭	7
फूल	（阳）	花	8
फूल लगाना		种花	8
फूहड़	（形）	粗野的，粗俗的	6
फेंकना	（及）	投，抛	11
फेरना	（及）	转动，由一个方向转向另一个方向	15
से आंख(आखें)फेरना		不理睬，不关心	15
फैलना	（不及）	扩大，传播	3
फ़ोन(टेलीफ़ोन)	（阳）	（英）电话	14

ब

बंद	（形）	停止的；关闭的	9
बंद करना		停止；关闭	9
बंदी	（阴）	女奴	12
बकना	（及）	胡说，说废话	6
गाली बकना		谩骂	6
बकवास	（阴）	废话，胡扯	14
बखानना	（及）	细说；夸奖	12
बग़ल	（阴）	旁边；腋下	7
बगुला	（阳）	鹤	4
बचना	（不及）	躲避，避开	10
बच निकलना		逃避，逃脱	10
बड़े-बूढ़े	（阳）	老人们；先人	6
बढ़ना	（不及）	增长	1
बढ़ाना	（及）	增长，提高	1
बदन	（阳）	身体	6

तन बदन में मिर्चें लगाना		身上火辣辣地难受	6
बदला	（阳）	交换；酬报；抵偿	11
...के बदले में		作为交换；作为报答	11
बरबस	（形）	迫不得已的，勉强的	14
बर्तन	（阳）	器皿，餐具	15
बलि	（阴）	祭品，供品	16
बलि होना		牺牲	16
बलिदान	（阳）	祭祀；牺牲	10
जीवन(का)बलिदान करना		牺牲生命	10
बस	（阳）	力量，权力	6
बस चलना		有力量，有办法	6
बस	（副）	只是，仅仅	13
बसाना	（及）	使居住，使定居	15
मन में बसाना		喜欢，爱	15
बस्ती	（阴）	居民区	5
बहाना	（阳）	借口，托辞	13
बहाना करना		找借口	13
बहिष्कार	（阳）	抵制；驱逐	10
का बहिष्कार करना		抵制；驱逐	10
बांधना	（及）	系，戴（帽等）	12
सिर पर सेहरा बांधना		赞扬……，归功于……	12
बाज़	（形）	失去的；被剥夺的	12
से बाज़ आना		放弃；避开	12
बाट	（阴）	道路	6
बात	（阴）	话	15
बात बनाना		编假话；捏造	15
बात की बात में		说话间，转眼间	6

बाथरूम	（阳）	浴室，洗澡间	13
बारी	（阴）	次序；轮换	5
बारी बारी से		按次序，一个一个地；轮流	5
बालक	（阳）	少年，儿童	10
बाला	（阴）	女人；少女	16
बास	（阳）	（英）老板，上司	15
बाहरी	（形）	外面的，外部的	9
बाहुल्य	（阳）	多，众多	5
बिखराना	（及）	使散乱；铺开	14
बिछकुट		बिस्कुट的别字	7
बिजली	（阴）	电	13
बिठाना	（及）	使坐；安放	9
बिलड़ा		比尔拉（一财团）	5
बिड़ला बन्धु		比尔拉家庭成员	5
बिलाव	（阳）	野猫	4
बिस्कुट	（阳）	饼干	7
बीच-बचाव	（阳）	（从中）调停	7
बीच-बचाव करना		调停，劝解	7
बीतना	（不及）	度过	9
बीरपुर	（地名）	比尔波尔	2
बुन्देला	（阳）	本德尔肯特（章西附近地区的）人	16
बुझाना	（及）	熄灭；消除	15
प्यास बुझाना		止渴，解渴	15
बुढ़ापा	（阳）	老年	11
बुद्धि	（阴）	理智，智慧	15
बुरा	（形）	不好，坏	14

बुरा मानना		不高兴，见怪	14
बेंत	（阳）	藤条；用藤条做成的手杖	10
बेंत लगाना		用棍子打	10
बेकार	（形）	无用的，无意义的	7
बेचारा	（阳）	可怜的人，可怜虫	11
बेचैन	（形）	焦急的，不安的	15
बेजा	（不变形）	不恰当的，不适当的	6
बेड़ा	（阳）	船；木筏	9
बेड़ी	（阴）	锁链，铁链	5
बेदम	（形）	失去知觉的，昏迷的	6
बेदम होना		失去知觉，昏迷	6
बेशक	（副）	无疑地	6
बेहिसाब	（形）	不可计算的，无数的	4
बेहूदा	（形）	下流的，粗野的	6
बैठक	（阴）	会议	15
बैठाना	（及）	使坐	14
बोझा	（阳）	重物；大包	8
बोध	（阳）	知识；理解	5
बोध होना		知道，了解	5
बोल	（阳）	言词，言语；讲话	11
बोलचाल	（阴）	口语，会话	3
बोली	（阴）	方言，土语	3
ब्रह्मचर्य	（阳）	（印度教）独身求学（人生四阶段之第一阶段）	8
ब्रह्मचर्य आश्रम		印度旧式学校	8

भ

भगवान	（阳）	（印度教）薄伽梵，上帝，老	5

		天爷	
भगवान जाने		天晓得	5
भगवान करे		但愿……，愿老天保佑	6
भगोना	（阳）	（金属制的）盆，缸	12
भग्न	（形）	断了的	16
भड़काना	（及）	煽动，挑动	6
भयंकर	（形）	可怕的；巨大的	7
भय	（阳）	害怕，担心	5
का भय होना		害怕……，担心……	5
भयभीत	（形）	害怕的，胆怯的	4
भरना	（及）	装，填	9
भरमार	（阴）	充满，大量	8
भरोसा	（阳）	支持	12
भरोसा	（阳）	信任，相信	15
भरोसा होना		相信	15
भला	（阳）	好处，利益	6
भस्म	（阴）	灰，灰烬	16
भाग	（阳）	部分，（书）册	1
भाग्य	（阳）	命运	7
भाग्य फूट जाना		倒霉，遭不幸	7
...भाषी	（形）	讲……语言的	3
हिन्दी-भाषी		讲印地语的	3
भार	（阳）	担子，重担	10
भाव	（阳）	感情；意图	1
भाव	（阳）	情绪，感情	4
गंभीर भाव से		严肃地，郑重地	4
भावहीन	（形）	无表情的，无动于衷的	15

भावात्मक	（形）	精神上的，感情上的	14
भावावेश	（阳）	感情冲动，激动	7
भावुक	（形）	感情冲动的；狂热的	14
भावुकता	（阴）	感情冲动，狂热	14
भिन्न-भिन्न	（形）	各不相同的	13
भुगतना	（及）	遭受	7
भुगतान	（阳）	缴纳，支付	5
भुगतान करना		缴纳，支付	5
भूत	（阴）	鬼，恶魔	15
भूल	（阴）	错误	7
भूल करना		犯错误	7
भेद	（阳）	区别，差别	8
भोगना	（及）	遭受，享受	7
भोला	（形）	老实的	4
भोला-भाला	（形）	老实的；头脑简单的	4
भोंड़ा	（形）	畸形的，丑陋的	6
भ्रमण	（阳）	游历，旅行；行走	4
भ्रमण करना		游历，旅行；行走	4

म

मंगवाना	（及）	（मांगना的致使动词）打发……去买；派……去要	13
मंत्र	（阳）	秘诀，诀窍	1
मंत्री	（阳）	大臣；部长	9
मंदिर	（阳）	庙，庙宇	5
मक्कार	（形）	装出一副可怜相的，狡诈的	12
मच्छर	（阴）	蚊子	8
मछुआरा	（阳）	渔夫	11

मज़ाल	（阴）	能力，力量	7
मजिस्ट्रेट	（阳）	（英）法官	10
मतलब	（阳）	意义，意思	13
मध्य प्रदेश	（阳）	中央邦	10
मन	（阳）	心	7
मन होना		心想，想要	7
में मन लगाना		用心做……；对……用心	8
मन मारना		压抑住内心的感情，忍住悲痛，忍气吞声	12
मन ही मन		心里，暗自	6
मनाना	（及）	庆祝	8
मनोरम	（形）	迷人的，美丽的	4
मरीज़	（阳）	病人	7
मर्दाना	（形）	英勇的，有男子气概的	16
मलेरिया	（阳）	疟疾	8
मल्लाह	（阳）	船夫	9
मसला	（阳）	问题	7
महत्व	（阳）	重要，重要意义	14
महर्षि	（阳）	贤者；隐士	8
महारानी	（阴）	王后，皇后	6
महावत	（阳）	赶象的人	9
मातृभाषा	（阴）	母语	3
माथा	（阳）	头，额	14
मान	（阳）	荣誉	16
मानपत्र	（阳）	荣誉状	8
मानसिक	（形）	心灵的，精神上的	4
मानों	（连）	犹如，好像	4

मार डालना		打死	7
मारपीट	（阴）	殴打；斗殴	7
माला	（阴）	念珠；花环	4
माला जपना		数念珠	4
मालिक	（阳）	主人	13
मालूम	（形）	知道的	5
मालूम करना		了解，打听	5
मास	（阳）	月，月份	8
मिज़ाज	（阳）	本性；习惯	6
मिर्च	（阴）	辣椒	6
नमक मिर्च लगाना		添油加醋	6
मिलीभगत	（阴）	勾结，阴谋	14
मुंह में पानी भर आना		垂涎欲滴	6
मुकदमा	（阳）	诉讼，诉讼案件	10
पर मुकदमा चलना		……被起诉	10
मुक्त	（形）	自由的，解放的	7
मुख	（阳）	口，嘴	16
मुखिया	（阳）	首领，头目	8
मुद्रा	（阴）	钱币，金币	9
मुद्रा	（阴）	表情	15
मुसलमान	（阳）	穆斯林，伊斯兰教徒	8
मुसीबत	（阴）	困难，灾难	14
मूल	（阳）	根基；本质	13
मूल्यवती	（形）	珍贵的，富贵的	16
मेहनती	（形）	勤劳的	11
मेहरौली		地名	5
मैनेजर	（阳）	管理人，干事	14

मोटा-ताज़ा	（形）	肥胖的	6
मौजूद	（形）	存在的，现存的	5
मौन	（形）	沉默的，无言的	1
मौन रहना		保持沉默，不出声	1

य

यथा	（副）	如，像；如上所述	16
यद्यपि	（连）	虽然	5
यात्री	（阳）	旅客，乘客	2
याद	（阴）	记忆	1
याद रखना		记住	1
की याद आना		想起	7
युग	（阳）	时代，年代	7
युवराज	（阳）	王子，太子	10
युवा	（阳）	年轻人	4
यों	（副）	这样，这样一来	3
यों ही		无缘无故地；随便	15
योग्य	（形）	有能力的，有才能的	1
योग्यता	（阴）	能力，才能	1
योद्धा	（不变阳）	战士	10

र

रखवाना	（及）	（रखना的致使动词）使放置	9
रगड़ना	（及）	擦，磨，摩擦	4
को...से रगड़ना		用……磨……	4
रटना	（及）	背诵	1
रण	（阳）	战争，战斗	16
रत्न	（阳）	宝石	4
रवाना	（不变形）	出发的，动身的	6

की ओर रवाना होना		向……走去	6
के लिये रवाना होना		动身去……	6
रसोई	（阴）	作熟的食物	8
रसोई बनाना		炊食，做饭	8
रहना	（不及）	剩下	11
राख	（阴）	灰；骨灰	16
राजकाज	（阳）	国务，政务	3
रामकुमार	（人名）	拉姆古马尔	2
राजनीति	（阴）	政治，政治活动	10
राज परिवार	（阳）	王室	9
राज़ी	（形）	同意的，赞成的	12
पर राज़ी होना		同意	12
राज्य	（阳）	邦	3
राय	（阴）	意见	8
राय देना		提出意见，建议	8
राष्ट्रभाषा	（阴）	国语	3
राहगीर	（阳）	行路人	4
रिटायर	（形）	（英）退职的，退休的	14
रिटायर होना		退职，退休	14
रील	（阴）	（英）（胶片、磁带等的）盘	5
रुचि	（阴）	兴趣	1
में रुचि होना		对……有兴趣	1
रूखा	（形）	干的，干硬的	11
रूखा-सूखा	（形）	干的，干硬的	11
रूप	（阳）	形式；性质	3
रोग	（阳）	病；病情	8
रोगी	（形）	有病的，生病的	8

	（阳）	病人	8
रोगी-सेवा	（阴）	护理病人	8
रोज़गार	（阳）	职业；生计	11
रोपना	（及）	栽种	8
रोशनी	（阴）	光，光亮	10
रोशनी देना		发光	10

ल

लक्ष्मी	（阴）	吉祥天女（毗湿奴神的妻子，财富女神）	5
लक्ष्य	（阳）	目标	13
लगना	（不及）	安装，装置	13
लगवाना	（及）	लगाना的致使动词	9
लघु	（形）	小的	16
लड़ना-झगड़ना	（不及）	争吵	11
लपकना	（不及）	飞奔，猛冲	15
लपककर		迅速地	15
लहर	（阴）	波浪	6
लाज	（阴）	名誉，荣誉	11
की लाज रखना		维护……荣誉	11
लाभ	（阳）	利益，好处	1
से लाभ उठाना		利用……，从……中得到好处	1
लालन-पालन	（阳）	抚养	7
लाश	（阴）	尸体	10
लिपटना	（不及）	紧依，拥抱	15
से लिपटना		拥抱……	15
लील	（形）	蓝色的	8
लीला	（阴）	表演，演戏	16

लूटना	(及)	劫夺；偷窃	8
लेना	(及)	接，迎接	13
ले-देकर		困难地，勉强地	14
लोक	(阳)	世界	5
लोभ	(阳)	贪心；诱惑	4
लोभ में आना		贪图……，受……诱惑	4
लौह	(形)	铁	5

व

वंश	(阳)	家系，家族	4
वंशहीन	(形)	无后代的，绝后的	4
वचन	(阳)	诺言	11
का वचन देना		许诺……，答应……	11
वजह	(阴)	原因	2
की वजह से		因为……，由于……	2
वन	(阳)	森林	4
वयस्क	(阳)	成年人	2
	(形)	成年人的	2
वरना	(副)	否则，不然	6
वर्णन	(阳)	叙述，描述	10
वर्तमान	(形)	现在的，现存的，当前的	13
वाकिफ़	(形)	了解的，熟悉的	12
से वाकिफ़ होना		了解，熟悉	12
वाणिज्य	(阳)	商业，贸易	13
वाणी	(阴)	舌头；话语；声音	8
वानी	(阴)	舌头；声音	16
वापसी	(阴)	返回	2
	(形)	返回的	5

वायदा	（阳）	诺言，答应	15
का वायदा करना		许诺……，答应……	15
वार	（阳）	打击，攻击，进攻	16
वास्तव	（阳）	实际，实在	13
वास्तव में		实际上	13
विकसित	（形）	发展了的，发扬了的	1
विकसित करना		发展，发扬	1
विख्यात	（形）	出名的，著名的	10
विख्यात होना		出名，闻名	10
विजय	（阴）	胜利	16
विद्यमान	（形）	存在的	5
विद्वान	（阳）	学者，学问家	9
विधाता	（阴）	造物主，上帝	7
विभिन्न	（形）	不同的，另外的	5
विरोध	（阳）	反对，反抗	11
विवश	（形）	被迫的，不得已的	7
के लिये विवश करना		逼迫做……，迫使做……	7
विवाह	（阳）	结婚	7
विश्लेषण	（阳）	分析	1
का विश्लेषण करना		分析	1
विहार	（阳）	消遣，玩耍	5
विहार करना		消遣，玩耍	5
वीरात्मा	（阴）	英魂，英雄的灵魂	10
वृहदाकार	（阳）	宏伟的外形	5
वेतन	（阳）	工资，薪金	8
वेदी	（阴）	祭台	8
वैभव	（阳）	财富，财产	12

वैराग्य	（阳）	无好感，厌恶	15
व्यंगात्मक	（形）	讽刺的，讥讽的	15
व्यक्ति	（阳）	人；个人	1
व्यवस्था	（阴）	安排；布置	14
व्यवस्थित	（形）	有秩序的，安排好的	14
व्यवस्थि करना		整理	14
व्यवहार	（阳）	行为，举动；待遇，对待	12
के साथ व्यवहार होना		对待……	12
व्यापार	（阳）	商业，生意	13

श

शक्कर	（阴）	糖，白糖	13
शत्रु	（阳）	敌人	5
शरण	（阴）	庇护；庇护所	8
शरण लेना		投靠；避难	8
शर्ट	（阴）	（英）衬衫	7
शहीद	（阳）	烈士，牺牲者	10
शहीद होना		牺牲	10
शांत	（形）	安静的，平静的	2
शादी	（阴）	结婚	11
शानदार	（形）	仪表堂堂的，有气派的	6
शामिल	（形）	参加的	10
में शामिल होना		参加……	10
शाहजहां		沙杰汗王（莫卧儿王朝）	5
शिकार	（阳）	猎获物，牺牲品	4
शिकार	（阳）	狩猎，打猎	15
शिकार करना		打猎	15
एक पत्थर से दो शिकार		一箭双雕	15

करना			
शिल्पी	（阳）	手工艺工人	5
शिष्य	（阳）	学生	14
शुद्ध	（形）	准确的，纯正的	1
शुद्ध करना		使准确，使纯正	1
शुभकामना	（阴）	良好祝愿	14
के लिये शुभकामना करना		对……表示良好祝愿	14
शृंखला	（阴）	一连串	7
शोरगुल	（阳）	叫喊声	7
श्रद्धांजलि	（阴）	哀悼	10
श्रद्धा	（阴）	崇敬	16
श्रीनिकेतन	（阳）	斯里尼克丹（地名）	8

स

संख्या	（阴）	数目，数字	3
संग्रहालय	（阳）	博物馆	5
संग्राम	（阳）	战斗，斗争	7
संचित	（形）	收集在一起的，保存的	16
संतान	（阳，阴）	子女	7
संथाल	（阳）	山塔尔族人	8
संपत्ति	（阴）	财产，财富	1
संपर्क	（阳）	关系	3
संबंध	（阳）	关系	15
से संबंध रखना		与……保持关系	15
संबोधित	（形）	被呼喊的，被招呼的；被称呼的	4
संबोधित करना		呼喊，招呼；称呼	4
संभलना	（不及）	当心，小心	6

संभालना	（及）	控制	6
मुंह संभालकर बातें करना		说话当心	6
संयोगवश	（副）	碰巧，偶然	2
संविधान	（阳）	宪法	3
संस्था	（阴）	机构	8
संस्मरण	（阳）	回忆	5
सकुचाना	（不及）	拘谨，难为情	2
सकून	（阳）	心安，心静	7
सच्चरित्रता	（阴）	品德端正	14
सच्चा	（形）	真诚的，诚恳的	11
सजना-धजना	（不及）	修饰，打扮	12
सजना-संवरना	（不及）	打扮	7
सज्जन	（形）	品德高尚的，文雅的	11
सतर्क	（形）	警惕的，谨慎的	4
से सतर्क रहना		警惕……，当心……	4
सदा	（副）	经常；始终	7
सदा के लिये		永远	10
सधना	（不及）	成功，实现	14
सफ़र	（阳）	旅行；旅程	2
सफ़ाई	（阴）	清洁；清扫	13
समझ	（阴）	理解	1
की समझ में आना		理解	1
समर्पण	（阳）	投降	11
के सामने समर्पण करना		向……投降	11
समाज	（阳）	社会	1
समाधि	（阴）	坟墓，陵墓	16
समान	（形）	同样的	13

समान रूप से		同样地	13
समारोह	（阳）	隆重；热闹；集会	8
समूह	（阳）	群，组	1
समृद्ध	（形）	丰富的	3
सम्राट	（阳）	帝王	5
सरकारी	（形）	政府的，官方的	3
सरलता	（阴）	纯朴；真挚	8
सरासर	（副）	从头到尾，彻底，完全	15
सर्वत्र	（副）	各处，各地	5
सलाई	（阴）	火柴；细棍	10
सलेक्शन	（阳）	（英）选择，选拔	15
सलेक्शन होना		选择，选拔	15
सलोना	（形）	娇丽的，美丽诱人的	6
सवार	（形）	乘坐的	5
पर सवार होना		乘坐	5
सहना	（及）	忍，忍耐	7
सहयोग	（阳）	合作，协作	1
सहर्ष	（副）	愉快地	7
सहायता	（阴）	帮助	1
सही	（形）	正确的	1
सही-सही		正确地	1
सहेली	（阴）	女友	6
साइंस	（阴）	（英）科学，自然科学	3
साज़सज्जा	（阴）	装饰；设备	14
सातवां	（数）	第七	7
पारा सातवें आसमान पर चढ़ना		非常生气，怒不可遏	7

शब्द-भंडार

साथी	（阳）	同伴，同志	1
साधना	（阴）	修行	8
साधना करना		修行	8
साधारण	（形）	普通的，一般的	10
साधु	（阳）	出家人，苦修者	13
सामग्री	（阴）	物资；物品；材料	12
सामने	（副）	面前，前面	5
सामने आना		出现	5
सामान्यतः	（副）	一般，通常	5
सायंकाल	（阳）	黄昏	5
सार्थकता	（阴）	有意义；有成效	11
साहसी	（形）	勇敢的	10
सिरहाना	（阳）	床头	13
के सिरहाने		在……的床头上	13
सिलाई	（阴）	缝纫	8
सीट	（阴）	座位	2
सीढ़ी	（阴）	梯子；台阶	5
सीधा	（副）	直接地	12
सीमा	（阴）	界限，限度	12
सुख-शांति	（阴）	幸福与安宁	7
सुगंधित	（形）	芳香的	8
सुगमता	（阴）	容易，简单	1
सुड़कना	（及）	饮	14
सुध-बुध	（阴）	知觉；感觉	5
सुध-बुध भूलना		失去感觉；没有感觉	5
सुनना	（及）	听	15
से सुनना		听……说	15

सुनसान	（形）	荒无人烟的	8
सुपरिण्टेण्डेण्ट	（阳）	（英）警长	10
सुबुद्धि	（阴）	智慧，心计	7
सुरक्षित	（形）	安全的；保留的	2
सुविधा	（阴）	方便，便利	12
सुख-सुविधा		舒适便利（条件、设备）	12
सुझ-बूझ	（阴）	智慧，智力	9
सूरत	（阴）	脸形，面貌，面庞	6
सेहरा	（阳）	（结婚时新娘新郎戴在头上的）花冠	12
सैकड़ा	（数）	百	10
सोखना	（及）	吸干	7
सोच-विचार	（阳）	思索，考虑	5
सोना	（阳）	金子	4
सौंदर्य	（阳）	美，美丽	5
सौंपना	（及）	交给；托付；委托	9
सौभाग्य	（阳）	幸运	12
स्कूलड्रेस	（阴）	校服	7
स्तब्ध	（形）	惊愕的	14
स्थली	（阴）	陆地；地方	16
स्थित	（形）	位于……的	5
स्नेह	（阳）	爱	2
स्पेलिंग	（阳）	（英）拼写	3
स्मरण	（阳）	记忆	5
स्मृति-शाला	（阴）	纪念馆	16
स्वच्छ	（形）	清澈的，明亮的	4
स्वभाव	（阳）	性格，脾气	6

स्वार्थ	（阳）	个人利益，私利	14
		ह	
हंसी	（阴）	笑	4
की हंसी उड़ाना		讥笑，讽刺	1
को हंसी आना		……感到好笑	4
हजामत	（阴）	理发；刮脸	13
हजामत बनाना		理发；刮脸	13
हत्याकांड	（阳）	杀人案，惨案	10
हद	（阴）	限度；极限	15
हद हो जाना		达到极限；话说到头	15
हरदम	（副）	时刻；每时每刻	7
हरबोला	（阳）	中世纪印度教战士	16
हल	（阳）	解决（问题等）	2
हल होना		解决	2
हाई ब्लड प्रेशर	（阳）	（英）高血压	7
हाथ	（阳）	手，手臂	14
के आगे हाथ फैलाना		乞求，救援	14
के हाथ में होना		在……手中，在……掌握中	15
हाथ आना	（不及）	得到，到手	6
हाथीख़ाना	（阳）	象棚	9
हाथीदांत	（阳）	象牙	8
हाय	（感）	哎！	7
हिज्जे	（阳）	词的拼写法，拼写	3
हिन्दुस्तान	（阳）	印度斯坦，印度	3
हिदुस्तानी	（阴）	印度斯坦语	3
हिमायती	（阳）	袒护者，支持者	6
हिम्मत	（阴）	胆量，勇气	10

हिम्मत पड़ना		有胆量，有勇气，敢	10
हिलना	（不及）	动	1
हिसाब	（阳）	计算	3
हुंह		哼（表示不满意或不相信）	14
हे	（感叹）	咳！喂！	4
होटल	（阳）	（英）饭店	5
होशियार	（形）	小心的，谨慎的	6
होशियार होना		小心，谨慎	6